CARL JUNG
DAS UNBEWUSSTE
UND DIE MENSCHLICHE SEELE

Symbole, Träume, Archetypen des Unbewussten und die Reise zur Individuation

Eine Erkundung der Analytischen Psychologie Jungs: der Schatten, die Anima, das Selbst und die universellen Muster, die die Psyche auf der Suche nach Selbsterkenntnis und innerer Ganzheit prägen

Adrian Claro

Wichtiger Haftungsausschluss: Dieses Buch dient ausschließlich Bildungs- und Unterhaltungszwecken. Der Autor hat alle Anstrengungen unternommen, um vollständige, genaue, aktuelle und verlässliche Informationen bereitzustellen, jedoch kann dies nicht garantiert werden. Der Autor ist kein Experte für Rechts-, Finanz-, Medizin- oder professionelle Beratung. Die Informationen in diesem Buch wurden aus verschiedenen Quellen zusammengetragen, daher ist es wichtig, dass Sie vor der Anwendung der beschriebenen Techniken einen Fachmann konsultieren. Mit der Lektüre dieses Buches erklären Sie sich damit einverstanden, dass der Autor keine Haftung für direkte oder indirekte Verluste übernimmt, die sich aus der Nutzung der bereitgestellten Informationen ergeben könnten, einschließlich Fehlern oder Ungenauigkeiten.

COPYRIGHT© Jaxbird LLC

Inhalt

Vorwort 1

TEIL I - Vom Menschen und seiner Suche nach der Seele 3

   Die Traumanalyse und ihre praktische Anwendung 4

      Träume als Manifestation des Unbewussten 5

      Über die Ursachen hinaus: Der Zweck der Träume 7

      Träume sind nicht nur verdrängte Wünsche 10

      Integration, nicht Deformation 13

      Der Wert der Symbole und Archetypen in Träumen 17

      Zur Individuation hin 21

   Die Lebensphasen und ihre psychologischen Herausforderungen 22

      Das Entstehen des Bewusstseins 24

      Die psychologischen Herausforderungen der Jugend 26

      Die Krise der Lebensmitte 31

      Der Zweck der späten Lebensphase 36

      Der Bogen des Lebens 41

TEIL II - Vom Menschen und seinen archetypischen Symbolen 43

   Die Symbolik der Mutter und der Wiedergeburt im Unbewussten 44

      Die Stadt als mütterliches Symbol 44

      Die nächtliche Reise über das Meer 45

      Die Sehnsucht nach Wiedergeburt 47

      Die zwei Städte der Offenbarung 48

      Der Baum als duales Symbol 50

      Die religiöse Sehnsucht und der Wunsch nach Wiedergeburt 52

      Nikodemus und die geistige Wiedergeburt 53

      Die Befreiung der inzestuösen Libido 55

      Das Christentum und die Transformation der Libido 56

Der Wert des religiösen Mythos 56
Der Mythos von Osiris 58
Der innere Kampf um die Befreiung vom mütterlichen Einfluss 60
    Das Drama von Chiwantopel 60
    Die Symbolik des Pferdes 61
    Die Geste des Helden 63
    Die Libido im Konflikt 65
    Der Mythos von Vishnu 69
    Der mütterliche Fluch und die Wunde 70
    Die ägyptische Hymne an Re 71
    Die schöpferische Introversion 73
    Die Symbolik des Stiers 75
    Die Bedeutung des Opfers 76
Eine Einführung in das Studium des Unbewussten 78
    Die Grenzen der Wahrnehmung 78
    Die Natur der Träume 79
    Der Weg zum Studium der Träume 81
    Der Wendepunkt Jungs 82
    Die Methode Jungs 83
    Der Widerstand gegen Träume 85
    Grundlegende Prinzipien 86
    Die Beziehung zwischen Bewusstem und Unbewusstem 87
    Normale, nicht pathologische Phänomene 90
    Subliminale Wahrnehmungen 90
    Verdrängte Inhalte 92
    Kryptomnäsie: Die verborgene Erinnerung 93
    Das Unbewusste als Quelle des Neuen 94
    Die Entdeckung Jungs 95
    Die Rolle der Träume in der menschlichen Psyche 97

Der primitive und der zivilisierte Verstand 100
Die „archaischen Überreste" 103
Die Sprache der Träume 104
Die kompensierende Funktion der Träume................ 105
Träume als Vorahnung 108
Das Gleichgewicht zwischen Verlusten und Gewinnen 109
Warnungen zur Traumdeutung................................. 111
Wiederkehrende Motive 112
Jungs wiederkehrender Traum 112
Die Bestätigung 113
Techniken und Überlegungen bei der Traumanalyse 114
Symbole jenseits der Träume 115
Kollektive Symbole 116
Die Bedeutung der symbolischen Perspektive 116
Der Traum vom Haus 117
Was Freud nicht verstand.. 118
Die Schädel und die Anatomie................................ 119
Die Sackgasse mit Freud... 120
Die entscheidende Intuition 120
Die Traumanalyse als dialektischer Austausch 121
Das Individuum als einzige Wirklichkeit 122
Die Theorie der psychologischen Typen und ihre Relevanz für die Traumdeutung............................... 123

TEIL III - Der Individuationsprozess 159

Die Anima: Das Weibliche in der Psyche des Mannes 159
Der Animus: Das Männliche in der Psyche der Frau 168
Das Selbst: Das Zentrum der Psyche........................ 172
Auf zwei Ebenen leben 181
Zwei Bedrohungen des Gleichgewichts 182

Das Mandala 183
Der Mandala-Traum 183
Die Begegnung mit dem Selbst 184
Das Licht und die Dunkelheit 185
Die größte Gefahr 185
Das Bad Bâdgerd 186
Der Papagei der Nachahmung 187
Menschlich bleiben 187
Die soziale Dimension der Individuation 188
Sankt Christophorus und das Kind, das wie die Welt wog 189
Die unvermeidliche Weggabelung 190
Träume und Beziehungen 190
Die geheimen Bindungen 192
Die Autonomie des Unbewussten 192
Berlin und Hiroshima in Träumen 193
Die Grenzen der Manipulation 193
Die optimale Gruppengröße 194
Der Traum vom lebendigen Museum 194
Der stille Einfluss 196
Religiöse Träume 196
Das vierte Element 197
Die zwei Zwecke des Mandalas 198
Der Mantel Gottes und der Flügel des Teufels 198
Widerstand und Offenheit 199
Drei Arten von Menschen 200
Der Ursprung der Rituale 201
Die Vision von Black Elk 201
Das Adlerfest 202
Vom Unbewussten zur Tradition 203

Der Widerstand der Traditionen 204
Das Ende zweier Illusionen 204
Die Grenzen der Sprache 205
Das einzige wirkliche Abenteuer 205

Epilog **206**

Vorwort

Jung lehrte uns etwas Unbequemes: Wir sind nicht, wer wir glauben zu sein.

Unter der Oberfläche unserer bewussten Persönlichkeit existiert eine Welt aus Symbolen, Impulsen und Mustern, die wir von Tausenden von Generationen geerbt haben. Jung nannte diese Muster *Archetypen* und widmete sein Leben der Kartografie jenes dunklen Territoriums, das wir alle in uns tragen.

Dieses Buch ist eine Landkarte für diese innere Reise.

Es erhebt nicht den Anspruch, eine bloße Zusammenfassung der Jung'schen Theorien zu sein. Es verfolgt ein ehrgeizigeres Ziel: dass du diese Ideen in deinem eigenen Leben erfährst. Dass du die universellen Muster erkennst, die in dir wirken – oft ohne dass du es weißt – und dass diese Erkenntnis dich verwandelt.

Die Träume nehmen in diesen Seiten einen zentralen Platz ein. Jung betrachtete sie als Briefe des Unbewussten, verschlüsselte Botschaften, die offenbaren, was das bewusste Denken lieber ignoriert. Du wirst lernen, sie zu lesen.

Du wirst auch Konzepte erkunden, die verstörend sein können: den Schatten (alles, was du von dir selbst abgelehnt hast), die Anima und den Animus (das Weibliche im Mann, das Männliche in der Frau) und das Selbst (das geheimnisvolle Zentrum der Psyche, das nach deiner Ganzheit strebt).

Dies sind keine abstrakten Konzepte. Es sind lebendige Kräfte, die deine Beziehungen, deine Entscheidungen, deine Ängste und deine Sehnsüchte formen.

Der Weg, den Jung *Individuation* nannte – der Prozess, zu werden, wer du wirklich bist – ist nicht bequem. Er verlangt, dich dem zu stellen, was du verborgen hast, zu integrieren, was du verleugnet hast, die Komplexität deiner eigenen Natur zu akzeptieren.

Aber es ist der einzige Weg zu einem authentischen Leben.

Willkommen auf der Reise.

Adrian Claro

TEIL I - Vom Menschen und seiner Suche nach der Seele

Was versuchen uns unsere Träume zu sagen?

Für Jung war diese Frage kein intellektueller Zeitvertreib. Sie war die Tür zu allem, was wir sind und nicht wissen, dass wir es sind.

In diesem Abschnitt erkunden wir zwei grundlegende Territorien. Zunächst die Träume: jene nächtlichen Briefe, die uns das Unbewusste in einer Sprache sendet, die wir verlernt haben zu lesen. Jung betrachtete sie als Portale in die Tiefen der Psyche. Sie offenbaren nicht nur die Wurzeln unserer Neurosen; sie erhellen unsere gegenwärtige psychologische Situation.

Wir werden sehen, warum Jung darauf bestand, Träume in Beziehung zu unserem bewussten Leben zu deuten. Die Symbole und Archetypen, die in ihnen erscheinen, sind keine Dekoration: Sie sind das Vokabular der Seele.

Danach tauchen wir ein in die Phasen der menschlichen Entwicklung, von der Kindheit bis ins Alter. Jede Phase bringt ihre eigenen psychologischen Herausforderungen mit sich. Doch Jung schenkte einem kritischen Moment besondere Aufmerksamkeit: dem Übergang in die zweite Lebenshälfte.

Warum? Weil dieser Übergang etwas Radikales verlangt. Er verlangt, unsere Prioritäten neu zu bewerten. Ziele aufzugeben, die ihren Zweck bereits erfüllt haben. Uns erneut der Selbsterkenntnis zu verpflichten.

Das Alter war für Jung nicht der traurige Epilog der Jugend. Es hatte seinen eigenen Sinn, seinen eigenen Zweck.

Ihn zu entdecken ist Teil der Reise.

Die Traumanalyse und ihre praktische Anwendung

Lohnt es sich, Träume in der Psychotherapie zu analysieren? Die Debatte hält an.

Viele Fachleute betrachten Träume als unverzichtbar für die Behandlung von Neurosen und messen ihnen die gleiche Bedeutung bei wie dem bewussten Leben. Andere verwerfen sie als bloßes mentales Rauschen, ein wertloses Nebenprodukt.

Deine Position hängt von einer grundlegenderen Frage ab: Glaubst du an das Unbewusste?

Wenn du akzeptierst, dass das Unbewusste Neurosen beeinflusst, werden Träume faszinierend: Sie sind direkte Manifestationen jener verborgenen Dimension. Wenn du das Unbewusste ablehnst, verliert die Traumanalyse jeden Sinn.

Es ist erstaunlich, dass nach den Beiträgen von Carus, Kant, Leibniz, Janet, Flournoy und Freud immer noch debattiert wird, ob das Unbewusste existiert. Aber so ist es.

Dieses Kapitel erhebt nicht den Anspruch, die Theorie des Unbewussten zu verteidigen. Es weist nur auf das Offensichtliche hin: Ohne sie wäre der Traum eine zufällige Mischung aus Erinnerungen des Tages, nicht mehr. Das Unbewusste anzuerkennen verwandelt die Traumanalyse in ein mächtiges therapeutisches Werkzeug, das mentale Inhalte offenbaren kann, die kausal mit der Neurose verbunden sind.

Träume als Manifestation des Unbewussten

Das Unbewusste spielt eine kausale Rolle bei der Neurose. Träume drücken diese verborgene mentale Aktivität direkt aus. Dies rechtfertigt ihre Analyse und Deutung.

Die Freud'sche Schule behauptet, dass es bedeutende therapeutische Effekte erzielt, wenn man dem Patienten die unbewussten Faktoren seiner Störung offenbart. Ihn sich der Wurzeln seines Problems bewusst zu machen, wirkt heilend.

Können Träume diese Ursachen von sich aus offenbaren, oder müssen sie durch andere Methoden ergänzt werden? Die Erfahrung bestätigt, dass sie es können, insbesondere die Träume, die zu Beginn der Behandlung erzählt werden.

Der Fall des ehrgeizigen Mannes

Ein Mann in herausragender Position konsultierte Jung wegen Angst, Unsicherheit, Schwindel, Übelkeit, Kopfschmerzen und Atembeschwerden. Symptome, die der Höhenkrankheit ähnelten.

Seine Geschichte war beeindruckend: Als Sohn eines Bauern war er bis zu einer wichtigen Position mit weitreichenden Aufstiegsmöglichkeiten aufgestiegen. Doch die Neurose trat genau dann auf, als er noch weiter aufsteigen konnte.

Er brachte zwei Träume mit.

Erster Traum: Er sah sich zurück in seinem Heimatdorf und ignorierte alte Schulkameraden. Einer bemerkte, dass er sie nicht mehr besuche. Die Botschaft war klar: Er hatte seine bescheidene Herkunft hinter sich gelassen.

Zweiter Traum: Er rannte, um einen Zug nicht zu verpassen, kämpfte darum, sein Gepäck zusammenzubekommen, die

Eile löste eine Katastrophe aus. Es symbolisierte den Druck seiner beschleunigten Karriere und das drohende Desaster.

Der Traum spiegelte seinen frenetischen Ehrgeiz wider. Wie ein Lokführer, der ohne Vorsicht beschleunigt, bis die hinteren Waggons entgleisen, war dieser Mann an die Grenze seiner Kräfte gelangt. Er hätte mit dem Erreichten zufrieden sein sollen. Doch der Ehrgeiz trieb ihn zu Zielen, auf die er nicht vorbereitet war.

Die Neurose trat als Warnung auf.

Jung konnte die Behandlung nicht fortsetzen. Seine Deutung überzeugte den Patienten nicht, der die Gelegenheiten verfolgte, die sein Ehrgeiz begehrte. Der symbolische Zusammenstoß des Zuges materialisierte sich in seinem Leben. Seine „Höhenkrankheit" spiegelte seine tatsächliche Unfähigkeit wider, weiter aufzusteigen – eine Wahrheit, die seine Träume als vollendete Tatsache darstellten.

Was dieser Fall offenbart

Träume bieten eine authentische Darstellung des subjektiven Zustands, selbst wenn der bewusste Verstand ihn leugnet. Der Patient sah keinen Grund anzuhalten. Er bestritt, seine Grenzen erreicht zu haben. Die nachfolgenden Ereignisse bewiesen es auf eindringliche Weise.

Angesichts der Rechtfertigungen des bewussten Verstandes entstehen immer Zweifel. Viele sind von bescheidener Herkunft zu großen Erfolgen aufgestiegen. Warum sollte dieser Mann es nicht auch schaffen können?

Hier spielt der Traum eine entscheidende Rolle. Als Ausdruck eines unwillkürlichen psychologischen Prozesses, den das

Bewusstsein nicht verändert, offenbart er den subjektiven Zustand, wie er ist. Ohne Hypothesen, ohne Erwartungen darüber, wie die Dinge sein sollten.

Deshalb verdienen Träume die gleiche Beachtung wie physiologische Fakten. Wenn der Urin Zucker enthält, ist das eine Tatsache. Es spielt keine Rolle, was du zu finden erwartet hast.

Träume sind Daten von unschätzbarem diagnostischem Wert. Sie liefern mehr Informationen als angefordert: Sie helfen nicht nur, die Ursachen einer Neurose zu verstehen, sondern bieten auch eine Prognose und weisen die Richtung der Behandlung.

Über die Ursachen hinaus: Der Zweck der Träume

Einige Neurosen offenbaren ihre wahren Ursprünge erst am Ende einer erschöpfenden Analyse. Und es gibt Situationen, in denen das Kennen des Ursprungs keine Besserung bringt.

Dies zwingt dazu, die Freud'sche Perspektive zu überdenken. Die Idee, dass der Patient die kausalen Faktoren seiner Störung kennen muss, scheint ein Überbleibsel der Traumatheorie zu sein. Obwohl viele Neurosen aus Traumata entstehen, leiten sich nicht alle von entscheidenden Erfahrungen der Kindheit ab.

Dieser kausale Ansatz blickt übermäßig in die Vergangenheit. Er fragt „Warum?" und ignoriert „Wozu?"

Das Ergebnis kann kontraproduktiv sein: Der Patient sucht unermüdlich, vielleicht jahrelang, nach irgendeinem hypothetischen Ereignis seiner Kindheit und vernachlässigt, was unmittelbare Relevanz hat.

Träume ausschließlich zu nutzen, um die verborgene Ursache einer Neurose zu finden, bedeutet, den größten Teil ihres tatsächlichen Beitrags zu verschwenden.

Die Patientin der drei Analytiker

Eine Frau konsultierte drei verschiedene Analytiker. Sie hatte zu Beginn jeder Behandlung einen Traum.

Beim ersten Analytiker: Sie träumte von der Schwierigkeit, eine Grenze zu überqueren. Es symbolisierte die erfolglose und kurze Behandlung, die folgte.

Beim zweiten Analytiker: Sie träumte ebenfalls vom Grenzübertritt, aber in der Dunkelheit. Es spiegelte ihre Verwirrung und ihre unbewusste Identifikation mit dem Analytiker wider. Die Behandlung wurde abgebrochen.

Bei Jung: Sie träumte, dass sie eine Grenze überquerte und unerwartet zwei Matratzen in ihrer Tasche fand. Es nahm die Schwierigkeiten und ihren Widerstand gegen die Ehe vorweg – Themen, denen sie sich während der therapeutischen Arbeit stellen würde.

Keiner dieser Träume spielte auf die Ursache ihrer Neurose an. Sie nahmen die Herausforderungen in ihrer Interaktion mit jedem Therapeuten vorweg.

Träume können vorausschauend sein. Ihre Bedeutung geht verloren, wenn wir sie nur aus einer kausalen Perspektive betrachten.

Wenn Träume dunkel werden

Die anfänglichen Träume sind meist transparent. Im Verlauf der Analyse werden sie weniger verständlich.

Wenn sie ihre Klarheit behalten, hat die Analyse wahrscheinlich wichtige Aspekte der Persönlichkeit nicht angesprochen.

Wenn Träume unverständlich werden, spiegeln sie die Einschränkung des Therapeuten wider, nicht die Natur des Traums selbst. Mit der Zeit offenbaren selbst diese „verwirrenden" Träume ihre Bedeutung und beleuchten die frühere Blindheit.

Der Therapeut muss seine Grenzen anerkennen. Vorzugeben, den Patienten immer zu verstehen, kann schädlich sein: Es fördert eine problematische Übertragung und verzögert die Genesung.

Die Gefahr, Deutungen aufzuzwingen

Das Verstehen ist ein subjektiver, häufig einseitiger Prozess. Der Arzt versteht etwas, das der Patient nicht versteht. Er fühlt sich verpflichtet, ihn zu überzeugen. Gelingt es nicht, deutet er es als Widerstand.

Aber der Schlüssel liegt nicht darin, ob der Arzt versteht. Er liegt darin, dass der Patient versteht.

Das Wesentliche ist, gegenseitiges Verständnis durch Dialog zu erreichen. Es ist gefährlich, wenn der Arzt Deutungen aufzwingt, die auf Doktrinen basieren, ohne die Zustimmung des Patienten zu erlangen.

Eine Deutung, die der Patient nicht akzeptiert, scheitert nicht nur in praktischer Hinsicht: Sie hemmt seine Entwicklung. Die wahre Transformation geschieht, wenn der Patient durch sein eigenes Wachstum zur Wahrheit gelangt.

Wenn die Deutung auf einer vorgefassten Theorie beruht, hängt ihre Wirksamkeit von der Suggestion ab. Suggestion hat erhebliche Einschränkungen und kann die Autonomie des Patienten beeinträchtigen.

Ein engagierter Analytiker versucht, zuvor unbewusste Aspekte für eine kritische Prüfung zu beleuchten. Dies ist eine ethische Herausforderung, die eine integrale Antwort der Persönlichkeit erfordert. Auf Suggestion basierende Methoden funktionieren wie Kunstgriffe, die dieses Engagement nicht erfordern.

Um bewusste Suggestion zu vermeiden, muss der Analytiker jede Deutung verwerfen, die nicht die Zustimmung des Patienten hat. Jeder Traum muss als neuer Anfang gesehen werden, als Gelegenheit, über unbekannte Aspekte zu lernen.

Träume sind nicht nur verdrängte Wünsche

Die reduktionistische Sichtweise von Träumen als bloße Manifestationen verdrängter Wünsche ist unzureichend.

Träume können eine breite Palette von Inhalten ausdrücken: von fundamentalen Wahrheiten bis zu Intuitionen, die telepathisch erscheinen. Da wir einen großen Teil des Lebens in einem veränderten Bewusstseinszustand verbringen, kann der Traum ebenso viel oder mehr Reichtum enthalten als das Wachsein.

Es ist entscheidend, ihre Deutung nicht auf eine einzige Doktrin zu beschränken.

Patienten können den Jargon des Analytikers übernehmen, sogar in ihren Träumen. Der Analytiker muss vorsichtig sein und sich nicht von seinen eigenen Theorien mitreißen lassen. Hypothesen über Träume sind empirische Regeln, die einer ständigen Überarbeitung unterliegen.

In der Traumanalyse muss man auf Unsicherheit vorbereitet sein. Das Ziel ist zu erkunden, nicht in einem absoluten Sinne zu verstehen.

Wie man einen rätselhaften Traum angeht

Der erste Schritt ist nicht, ihn sofort zu deuten, sondern ihn sorgfältig zu kontextualisieren.

Es geht nicht darum, jedes Element des Traums durch „freie Assoziationen" zu erkunden. Es geht darum, jene Assoziationsketten zu beleuchten, die direkt mit spezifischen Bildern verbunden sind.

Häufig muss man Patienten darin unterweisen. Sie haben ein Verlangen, den Traum vorschnell zu entschlüsseln, besonders wenn frühere Lektüren oder gescheiterte Analysen sie konditioniert haben. Sie suchen nach Deutungen, die auf vorgefassten Theorien basieren, was sie in Sackgassen führt.

Sie glauben, der Traum sei eine Oberfläche, die seine wahre Bedeutung verbirgt. Doch obwohl der Traum als „Fassade" betrachtet werden kann, täuscht diese uns nicht: Sie spiegelt die zugrunde liegende Struktur des Unbewussten wider.

Das „manifeste" Bild des Traums und seine „latente" Bedeutung sind intrinsisch verbunden. Wie wenn du Zucker im Urin findest: Es ist Zucker, keine Maske für eine andere Substanz.

Freud projizierte seine eigene Verwirrung, als er von Träumen als „Fassaden" sprach. Der Traum verbirgt nichts. Er ist ein Text, den wir nicht zu lesen wissen.

Die Deutung in Bezug auf die bewusste Situation

Um einen Traum zu entziffern, ist es wesentlich, seinen Kontext zu etablieren. Freie Assoziationen können persönliche Komplexe offenbaren, sind aber nicht effektiv, um die Bedeutung eines spezifischen Traums zu verstehen.

Bleibe den Traumbildern so nah wie möglich. Wenn jemand von einem „Geschäftstisch" träumt, bringt es keine Klarheit, ihn mit einem gewöhnlichen Schreibtisch zu assoziieren. Der Schlüssel liegt in der Präzision der Bilder.

Jede Deutung ist hypothetisch: ein Versuch, eine verborgene Botschaft zu verstehen. Einzelne Träume bieten selten Gewissheiten. Aber eine Serie von Träumen bietet größere Sicherheit, korrigiert Fehler und offenbart wiederkehrende Themen.

Deshalb ermutigte Jung seine Patienten, ein Verzeichnis ihrer Träume und der damit verbundenen Deutungen zu führen. Es erleichterte einen tieferen Dialog mit dem Unbewussten.

Träume, die Leben retten

Träume beleuchten nicht nur die Ursachen von Neurosen. Manchmal ist ihre Analyse eine Frage des Überlebens.

Jung erinnert sich an den Fall eines Kollegen, der die Traumdeutung geringschätzte. Ein vorausschauender Traum offenbarte eine drohende Gefahr in seiner Leidenschaft für das Bergsteigen. Trotz der Warnungen erfüllte sich sein tragisches Schicksal.

Jung konnte niemals eine skeptische Haltung gegenüber Träumen einnehmen. Obwohl sie oft sinnlos erscheinen, fehlt uns in Wirklichkeit die Schärfe, ihre Botschaft zu entschlüsseln.

Wir verbringen fast die Hälfte unserer Existenz im nächtlichen Reich der Psyche. Dort schlägt das Bewusstsein seine Wurzeln. Das Unbewusste beeinflusst sowohl das Wachsein als auch den Schlaf. Warum sollten wir über die Bedeutung unbewusster Prozesse debattieren? Sie sind integraler Bestandteil des Lebens und beeinflussen es, zum Guten oder Schlechten, manchmal mehr als die Ereignisse des Tages.

Träume bieten ein Fenster zu den tiefsten Geheimnissen des Seins. Sie offenbaren verborgene Aspekte der Persönlichkeit, die, wenn sie ignoriert werden, das Tagesleben durch Symptome stören.

Es ist nicht möglich, einen Patienten effektiv nur vom Bewusstsein aus zu behandeln. Die Veränderung muss aus dem Unbewussten entstehen.

Integration, nicht Deformation

Wie wird dies erreicht? Durch die bewusste und vollständige Assimilation der unbewussten Inhalte.

„Assimilation" bedeutet wechselseitige Integration der bewussten und unbewussten Inhalte. Es ist nicht die einseitige Deutung des Unbewussten durch den bewussten Verstand.

Über den Wert des Unbewussten existieren viele irrige Auffassungen. Die Freud'sche Schule präsentierte es in ungünstigem Licht und beschrieb es als „infantil, pervers und kriminell". Dies führte dazu, dass die Menschen es fürchteten, als wäre es ein Ungeheuer.

Doch viele positive, rationale, schöne und würdige Aspekte des Lebens residieren im Bewusstsein. Die Schrecken des Großen Krieges öffneten die Augen für diese Realität: Der bewusste Verstand kann ebenso teuflisch und pervers sein wie das Unbewusste.

Kürzlich kritisierte man Jung dafür, die Integration des Unbewussten vorzuschlagen. Man sagte, es würde die Kultur untergraben und die Primitivität erhöhen. Solche Kritik entspringt der Furcht vor der Natur und dem Leben in seinem reinsten Zustand.

Freud führte die Sublimierung als Mittel ein, um uns vor den „Bedrohungen" des Unbewussten zu schützen. Doch was wirklich existiert, kann nicht einfach sublimiert werden. Wenn etwas sublimiert zu sein scheint, dann war es nie das, wofür eine fehlerhafte Deutung es hielt.

Das Unbewusste ist kein Dämon

Das Unbewusste ist keine dämonische Entität. Es ist Teil der Natur, völlig neutral aus moralischer, ästhetischer und intellektueller Sicht.

Es wird nur dann zur Bedrohung, wenn die bewusste Haltung ihm gegenüber fehlerhaft ist. Und diese Gefahr nimmt mit Verdrängungen zu.

Doch sobald du beginnst, die zuvor unbewussten Inhalte zu integrieren, nimmt das Risiko ab. Mit fortschreitender Integration löst sich die Dissoziation der Persönlichkeit und die Angst, die diese Trennung erzeugt.

Was die Kritiker fürchten – die Invasion des Bewusstseins durch das Unbewusste – geschieht genau dann, wenn das Unbewusste durch Verdrängung ausgeschlossen oder wenn es missdeutet und abgewertet wird.

Die Kompensation: Gesetz der psychischen Funktionsweise

Ein verbreiteter Irrtum ist anzunehmen, dass die Inhalte des Unbewussten eindeutig und dauerhaft sind. Diese Wahrnehmung ist zu simpel.

Die Psyche funktioniert wie ein selbstregulierendes System, das sein Gleichgewicht aufrecht erhält, genau wie der Körper. Jeder Prozess, der übertreibt, provoziert eine unmittelbare kompensierende Reaktion. Ohne diese Anpassungen könnten weder der Stoffwechsel noch die Psyche normal funktionieren.

Die Kompensation kann als Gesetz der psychischen Funktionsweise betrachtet werden. Ein Übermaß in einem Bereich resultiert in einem Defizit in einem anderen.

Die Beziehung zwischen Bewusstem und Unbewusstem ist kompensatorisch. Diese Tatsache bietet eine solide Grundlage für die Traumdeutung.

Frage dich immer: Welche bewusste Haltung wird kompensiert?

Obwohl sich die Kompensation manchmal als Erfüllung eines imaginären Wunsches manifestiert, präsentiert sie sich im Allgemeinen als eine Realität, die umso greifbarer wird, je mehr du versuchst, sie zu verdrängen. Der Durst wird nicht gestillt, indem man ihn ignoriert.

Du musst den Inhalt der Träume so ernst nehmen, als wären sie reale Ereignisse. Sie sind Faktoren, die deine bewusste Perspektive konfigurieren. Tust du es nicht, behältst du die gleiche einseitige Haltung bei, die die Kompensation provozierte.

Ein Beispiel: Der betrunkene Vater

Ein junger Mann teilte Jung einen Traum mit: Sein Vater, völlig betrunken, fuhr sein Auto unvorsichtig und verursachte einen Unfall.

Dieses Verhalten war seinem Vater völlig fremd, laut dem jungen Mann. Der Vater war ein vorsichtiger Fahrer und maßvoll mit Alkohol. Ihre Beziehung war gut; er bewunderte den Vater für seinen Erfolg.

Ohne zu versuchen, es zu deuten, zeigte der Traum den Vater auf negative Weise. Was bedeutet das?

Ist die gute Beziehung nur oberflächlich? Gibt es kompensierte Widerstände, Eifersucht, Minderwertigkeitsgefühle?

Jung fand keine Hinweise auf eine problematische Beziehung. Er machte sich nicht daran, den jungen Mann mit einer destruktiven Deutung zu beunruhigen.

Warum also erschafft der Traum eine so unwahrscheinliche Erzählung, um den Vater zu diskreditieren?

Jung entschied sich zu fragen: Wozu dient dieser Traum?

Die Antwort: Das Unbewusste versucht, den Vater herabzusetzen, weil die Beziehung zu gut ist. Der junge Mann lebt ein „provisorisches Leben", das von der Vaterfigur dominiert wird. Der Traum, obwohl er unmoralisch erscheint, ist eine angemessene Kompensation. Er zwingt den Sohn, sich vom Vater abzugrenzen und seine eigene Identität zu finden.

Die Deutung resonierte spontan mit dem jungen Mann, ohne seine Gefühle gegenüber seinem Vater zu beschädigen. Aber sie war nur möglich nach erschöpfender Analyse der Beziehung auf Grundlage aller verfügbaren bewussten Fakten.

Ohne die bewusste Situation zu kennen, wäre die wahre Bedeutung des Traums zweifelhaft geblieben.

Die bewusste Persönlichkeit bewahren

Um die Trauminhalte zu integrieren, darfst du die authentischen Werte der bewussten Persönlichkeit nicht übertreten.

Wenn du das Bewusstsein zerstörst oder beschädigst, bleibt niemand übrig, um die Integration durchzuführen.

Die Bedeutung des Unbewussten anzuerkennen impliziert kein radikales Experiment, das die etablierte Ordnung verändert. Das würde nur die Situation umkehren, die du zu korrigieren versuchst.

Bewahre die Integrität der bewussten Persönlichkeit. So kannst du die unbewussten Kompensationen durch die Kooperation des Bewusstseins nutzen.

Die Assimilation ist nicht „dies oder das". Sie ist „dies und das".

Der Wert der Symbole und Archetypen in Träumen

Die Traumdeutung muss den aktuellen bewussten Zustand verstehen. Sie muss aber auch die philosophischen, religiösen und moralischen Überzeugungen des Träumers berücksichtigen.

Es ist praktisch, Traumsymbole nicht als feste Zeichen oder Symptome zu sehen, sondern als wahre Symbole: Ausdrücke von Aspekten, die noch nicht bewusst erkannt wurden.

Obwohl es theoretisch Symbole mit relativ festen Bedeutungen gibt, sollten sie nicht ausschließlich mit bereits bekannten Inhalten assoziiert werden. Die Existenz fester Symbole ermöglicht es, Aspekte des Unbewussten zu beschreiben, die sonst unzugänglich wären.

Was ein Symbol von einem Zeichen unterscheidet

Es mag seltsam erscheinen, festen Symbolen undefinierten Inhalt zuzuschreiben. Doch genau dieser undefinierte Inhalt unterscheidet ein Symbol von einem einfachen Zeichen.

Die Freud'sche Schule verwendet feste sexuelle „Symbole" als definitive Zeichen der Sexualität. Jung bevorzugt es, das Symbol als Darstellung von etwas Unbekanntem, Komplexem, nicht vollständig Bestimmbarem zu sehen.

Betrachte die phallischen Symbole. Sie repräsentieren nicht nur das männliche Geschlechtsorgan. Sie symbolisieren schöpferische Kraft, Fruchtbarkeit, Potenz. In primitiven und mythologischen Kontexten umfassen sie einen archetypischen Inhalt, der über bloße Sexualität hinausgeht: Sie drücken das Konzept von Mana oder Lebenskraft aus.

Das siebzehnjährige Mädchen

Man konsultierte Jung wegen eines siebzehnjährigen Mädchens. Ein Spezialist vermutete progressive Muskelatrophie; ein anderer dachte, ihre Symptome seien hysterisch.

Das klinische Bild deutete auf eine organische Erkrankung hin, zeigte aber auch Anzeichen von Hysterie. Jung erkundigte sich nach ihren Träumen.

Erster Traum: „Ich kam nachts nach Hause. Alles war still wie der Tod. Die Tür zum Salon stand einen Spalt offen. Ich sah meine Mutter an der Kristalllampe hängen, vom kalten Wind geschaukelt, der durch die offenen Fenster hereinkam."

Zweiter Traum: „Ich hörte nachts ein entsetzliches Geräusch im Haus. Als ich nachsah, sah ich ein erschrecktes Pferd, das durch die Zimmer rannte, bis es aus dem Fenster im vierten Stock sprang. Ich war entsetzt, es unten völlig zerstört zu sehen."

Die Art und Weise, wie diese Träume den Tod heraufbeschwören, sollte zum Nachdenken anregen. Es ist üblich, Angstträume zu haben. Doch die Bedeutung der Symbole „Mutter" und „Pferd" erfordert Analyse.

Beide begehen Selbstmord. Sie scheinen gleichwertig zu sein.

Das Symbol der Mutter ist archetypisch. Es bezieht sich auf den Ursprung, die Natur, das, was passiv geschaffen wird: Substanz, Materie, Körper, vegetative Funktionen. Es symbolisiert das unbewusste, natürliche, instinktive Leben. Den physiologischen Bereich. Den Körper, in dem du lebst, der dich enthält. Die Mutter ist auch ein Gefäß, die hohle Form, die trägt und nährt. Sie repräsentiert die Grundlagen des Bewusstseins.

Dieser Inhalt ist nichts, was das Mädchen selbst gelernt hat. Es ist ein Vermächtnis der Vergangenheit, lebendig durch die Sprache, geerbt mit der Struktur der Psyche.

Das Wort „Mutter" könnte sich auf „meine Mutter" im familiären Sinne beziehen. Doch das Symbol deutet auf eine tiefere Bedeutung hin: das verborgene Leben, verbunden mit der Natur des Körpers. Eine Komplexität so groß, dass sie nur aus der Ferne erahnt werden kann.

Das Pferd nimmt einen herausragenden Platz in Mythologie und Folklore ein. Es repräsentiert die nicht-menschliche Psyche, den subhumanen, tierischen Aspekt: das Unbewusste. Deshalb hat das Pferd in Volkstraditionen Visionen, hört Stimmen, spricht.

Als Lasttier ist es mit dem Archetyp der Mutter verbunden. Es symbolisiert den unteren Teil des Körpers und die Impulse, die daraus entstehen. Es repräsentiert dynamische Kraft. Fortgerissen zu werden wie von einer Welle des Instinkts. Es ist der

Panik unterworfen, wie alle Kreaturen, die kein höheres Bewusstsein besitzen.

Das schwarze, nächtliche Pferd kündigt den Tod an.

„Pferd" ist gleichwertig mit „Mutter" mit einem leichten Unterschied: Die Mutter symbolisiert das Leben in seinem Ursprung; das Pferd das rein tierische Leben des Körpers.

Die Botschaft beider Träume: Das unbewusste Leben zerstört sich selbst. Das tierische Leben zerstört sich selbst.

Eine wichtige Nuance: Der Tod des Individuums wird nicht erwähnt. Es ist üblich, vom eigenen Tod zu träumen, ohne dass es ernst ist. Wenn es wirklich um den Tod geht, verwendet der Traum eine andere Sprache.

Beide Träume deuten auf eine schwere organische, sogar tödliche Erkrankung hin. Eine Vorhersage, die sich kurz darauf bestätigte.

Die stabilen Symbole

Dieser Fall illustriert die Natur der relativ stabilen Symbole. Es gibt viele, und sie können in individuellen Fällen aufgrund subtiler Bedeutungsunterschiede variieren. Nur durch vergleichende Studien von Mythologie, Folklore, Religion und Sprache können sie wissenschaftlich bestimmt werden.

Die evolutionären Stufen der menschlichen Psyche werden im Traum klarer wahrgenommen als im Bewusstsein. Der Traum kommuniziert durch Bilder und gibt den Instinkten Ausdruck, die aus den primitivsten Ebenen der Natur stammen.

Das Bewusstsein neigt dazu, sich vom Naturgesetz zu entfernen. Doch es kann sich durch die Assimilation der unbewussten Inhalte neu ausrichten. Indem dieser Prozess gefördert wird,

wird der Patient zur Wiederentdeckung des Gesetzes seines eigenen Seins geführt.

Zur Individuation hin

In diesem kurzen Raum haben wir nur die grundlegenden Aspekte behandelt. Es konnte nicht Detail für Detail die Struktur aufgebaut werden, die sich in jeder Analyse aus dem Unbewussten erhebt und in der Wiederherstellung der vollständigen Persönlichkeit gipfelt.

Der Prozess sukzessiver Integrationen transzendiert die heilenden Vorteile von medizinischem Interesse. Schließlich führt er zu jenem fernen Horizont – vielleicht dem ursprünglichen Impuls zum Leben –: der vollen Verwirklichung des menschlichen Wesens.

Jung nannte es Individuation.

Ärzte sind die Ersten, die diese flüchtigen Prozesse wissenschaftlich beobachten. Im Allgemeinen erleben sie nur eine pathologische Phase und verlieren den Patienten aus den Augen, sobald er sich erholt. Doch erst nach der Genesung kann der normale Veränderungsprozess studiert werden, der sich über Jahre oder Jahrzehnte erstrecken kann.

Wenn wir die Ziele verstünden, die das unbewusste psychische Wachstum anstrebt, wenn unser psychologisches Verständnis nicht ausschließlich von der pathologischen Phase herrührte, hätten wir eine klarere Sicht darauf, was Träume offenbaren, und eine größere Wertschätzung dessen, was Symbole zu kommunizieren versuchen.

Jeder Therapeut sollte sich bewusst sein, dass die Psychotherapie in einen absichtsvollen und kontinuierlichen Entwicklungsprozess eingreift. Jede Analyse offenbart nur einen Teil oder eine Facette des tieferen Verlaufs. Jeder Versuch eines Vergleichs kann zu Verwirrung führen.

Deshalb haben wir uns auf die grundlegenden Prinzipien und praktischen Überlegungen konzentriert. Nur durch direkten Kontakt mit den Fakten, wie sie sich präsentieren, können wir hoffen, ein zufriedenstellendes Verständnis zu erreichen.

Die Lebensphasen und ihre psychologischen Herausforderungen

Eine Landkarte des psychologischen Lebens von der Geburt bis zum Tod zu zeichnen, ist ein ehrgeiziges Unterfangen. Wir gehen dieses Thema an, indem wir die Ungewissheit anerkennen, Prämissen ohne schlüssige Beweise akzeptieren und uns erlauben zu spekulieren.

Das psychische Leben des zivilisierten Menschen ist voller Herausforderungen. Die mentalen Prozesse bestehen aus Überlegungen, Zweifeln und Experimenten – Aspekte, die dem instinktiven Verstand des primitiven Menschen fremd sind.

Das Wachstum des Bewusstseins gebiert die Probleme. Es ist ein zwiespältiges Geschenk der Zivilisation.

Solange du in die Natur eingetaucht bleibst, bist du unbewusst und sicher unter dem Schutz des Instinkts. Der Instinkt kennt keine Probleme. Doch wenn ein Problem entsteht – synonym mit Zweifel, Ungewissheit, mehreren möglichen Wegen – verlässt du die Sicherheit des Instinkts. Und die Angst taucht auf.

Das Bewusstsein muss Entscheidungen treffen, die die Natur immer für ihre Kinder getroffen hat. Entscheidungen, die zuvor sicher, unbestreitbar, eindeutig waren. So entsteht eine zutiefst menschliche Angst: die Furcht, dass das Bewusstsein, diese prometheische Errungenschaft, nicht in der Lage sein könnte, die Natur zu ersetzen, wenn es nötig ist.

Die Probleme tauchen dich in einen Zustand der Verlassenheit. Die Natur verlässt dich und übergibt dich dem Bewusstsein. Es gibt keine andere Wahl: Du musst auf Entscheidungen zurückgreifen, wo du zuvor auf natürliche Ereignisse vertraut hast.

Jedes Problem trägt die Möglichkeit in sich, das Bewusstsein zu erweitern. Aber auch die Notwendigkeit, dich von der kindlichen Unbewusstheit zu verabschieden. Dies ist eine der grundlegenden symbolischen Lehren des Christentums: das Opfer des rein natürlichen Menschen, des unbewussten und naiven Wesens, dessen Tragödie mit dem Biss in den Apfel begann.

Die Bibel präsentiert das Erwachen des Bewusstseins als Fluch. In diesem Licht trennt dich jedes Problem, das dich zu größerem Bewusstsein drängt, weiter vom Paradies der kindlichen Unbewusstheit.

Wir alle würden es vorziehen, uns von den Problemen zu entfernen. Sie zu ignorieren. Ihre Existenz zu leugnen. Wir sehnen uns nach einem einfachen, sicheren Leben, frei von Erschütterungen. Wir bevorzugen Gewissheit gegenüber Zweifel, Ergebnisse gegenüber Experimenten.

Doch wir erkennen nicht, dass Gewissheit nur aus Zweifel entstehen kann. Und Ergebnisse aus Experimenten.

Das Entstehen des Bewusstseins

Warum erlebt der Mensch, im Gegensatz zur Tierwelt, Probleme?

Probleme entstehen aus dem Bewusstsein. Dann verwandelt sich die Frage: Wie entsteht Bewusstsein?

Niemand kann mit Sicherheit antworten. Aber wir können kleine Kinder beobachten, während sie es erlangen. Wenn ein Kind jemanden oder etwas wiedererkennt, wenn es eine Person oder Sache „kennt", nehmen wir wahr, dass es bewusst ist.

Es ist kein Zufall, dass im Paradies der Baum der Erkenntnis jene verhängnisvollen Früchte trug.

Was bedeutet „kennen"? Wir kennen etwas, wenn es uns gelingt, eine neue Wahrnehmung mit einem bereits etablierten Kontext in Beziehung zu setzen. Erkenntnis basiert auf einer bewussten Verbindung zwischen psychischen Inhalten. Wir können unverbundene Inhalte nicht kennen, nicht einmal uns ihrer bewusst sein.

Die erste Ebene des Bewusstseins impliziert einfach eine Verbindung zwischen zwei oder mehr psychischen Inhalten. Auf dieser Ebene ist das Bewusstsein sporadisch und begrenzt. In den ersten Lebensjahren gibt es kein kontinuierliches Gedächtnis; es gibt kurze Momente des Bewusstseins, wie verstreute Lichter in der Dunkelheit.

Diese Gedächtnisinseln enthalten noch etwas mehr: jene entscheidende Reihe von Inhalten, die das Ich ausmachen. Das

Ich ist, wie jeder andere Inhalt, ein Objekt im Bewusstsein. Deshalb spricht das Kind anfangs in der dritten Person von sich selbst. Erst später, wenn die Inhalte des Ichs eigene Energie erlangen, entsteht das Gefühl der Subjektivität.

Dies ist der Moment, in dem das Kind beginnt, „ich" zu sagen. Hier beginnt die Kontinuität des Gedächtnisses: eine Kontinuität in den Erinnerungen des Ichs.

Die drei Phasen des Bewusstseins

Erste Phase: Das Wiedererkennen, das „Kennen". Ein anarchischer oder chaotischer Zustand.

Zweite Phase: Die Entwicklung des Ich-Komplexes. Eine monarchische oder monistische Phase.

Dritte Phase: Das Bewusstwerden der eigenen Spaltung. Eine dualistische Phase.

Im kindlichen Stadium entstehen noch keine Probleme. Nichts hängt vom Subjekt ab; das Kind ist völlig abhängig von seinen Eltern. Es ist, als wäre es noch nicht ganz geboren, eingehüllt in die psychische Atmosphäre seiner Eltern.

Die psychische Geburt – die bewusste Unterscheidung zwischen dem Ich und den Eltern – geschieht natürlicherweise während der Pubertät, mit dem Aufkommen des Sexuallebens. Die physiologische Veränderung wird von einer psychischen Revolution begleitet. Die verschiedenen körperlichen Manifestationen heben das Ego so sehr hervor, dass es sich oft ohne Einschränkungen behauptet. Wir nennen dies „das schwierige Alter".

Bis zu dieser Periode wird das psychische Leben von Impulsen beherrscht. Es gibt wenige oder keine Probleme. Selbst wenn äußere Einschränkungen den subjektiven Impulsen entgegenstehen, verursachen sie keinen inneren Konflikt. Das Individuum unterwirft sich ihnen oder weicht ihnen aus und bewahrt die Harmonie mit sich selbst.

Der Zustand des inneren Konflikts entsteht erst, wenn eine äußere Einschränkung zum inneren Hindernis wird. Wenn ein Impuls einem anderen gegenübersteht. Wenn neben der Reihe von Ich-Inhalten eine zweite Reihe von gleicher Intensität entsteht – ein anderes sekundäres Ich, das unter bestimmten Umständen das erste übertreffen kann.

Dies provoziert eine Spaltung in sich selbst. Ein Zustand, der die Anwesenheit eines Problems anzeigt.

Die psychologischen Herausforderungen der Jugend

Die Jugend umfasst die Jahre nach der Pubertät bis zum Beginn des Erwachsenenalters, im Allgemeinen zwischen fünfunddreißig und vierzig Jahren.

Warum hier beginnen und nicht in der Kindheit? Das komplexe psychische Leben des Kindes stellt wichtige Herausforderungen für Eltern, Erzieher und Ärzte dar. Aber wenn es normal ist, erlebt das Kind keine wirklichen eigenen Probleme. Erst wenn das Individuum herangewachsen ist, entsteht Unsicherheit über sich selbst und innerer Konflikt.

Wir alle kennen den Ursprung der jugendlichen Probleme. Für die meisten sind es die Anforderungen des Lebens, die abrupt aus den Träumen der Kindheit wecken.

Wenn du ausreichend vorbereitet bist, kann der Übergang in eine berufliche Laufbahn reibungslos verlaufen. Doch wenn du an Illusionen festhältst, die nicht der Realität entsprechen, werden Probleme entstehen. Niemand tritt ins Leben ohne Erwartungen ein, und manchmal erweisen sie sich als falsch: Sie passen nicht zu den Bedingungen, denen du begegnest.

Überzogene Erwartungen. Unterschätzung der Schwierigkeiten. Ungerechtfertigter Optimismus. Negative Haltung. Viele fehlerhafte Annahmen geben den ersten bewussten Problemen Anlass.

Doch nicht immer ist es der Kontrast zwischen subjektiven Annahmen und äußeren Fakten, der die Probleme hervorbringt. Mit gleicher Häufigkeit entstehen innere psychische Störungen, selbst wenn die Dinge äußerlich gut laufen. Oft stammen sie aus dem sexuellen Impuls oder dem Minderwertigkeitsgefühl, das durch übermäßige Empfindlichkeit erzeugt wird.

Diese inneren Schwierigkeiten können existieren, selbst wenn die Anpassung an die Außenwelt mühelos erreicht wurde. Es scheint, dass junge Menschen, die hart für ihre Existenz gekämpft haben, frei von inneren Problemen sind. Während diejenigen, für die die Anpassung leicht ist, über Probleme im Zusammenhang mit Sex oder Minderwertigkeit stolpern.

Probleme versus Neurose

Menschen, deren Temperament ihnen Probleme bereitet, sind oft neurotisch. Aber es wäre ein Fehler, die Existenz von Problemen mit Neurose zu verwechseln.

Der Unterschied ist fundamental: Der Neurotiker ist krank, weil er sich seiner Probleme nicht bewusst ist. Die Person mit schwierigem Temperament erlebt ihre Probleme bewusst, ohne krank zu sein.

Das gemeinsame Merkmal jugendlicher Probleme

Beim Versuch, die gemeinsamen Faktoren in der unendlichen Vielfalt individueller Probleme der Jugend zu identifizieren, finden wir in fast allen Fällen ein besonderes Merkmal:

Eine Tendenz, am kindlichen Niveau des Bewusstseins festzuhalten. Ein Widerstand gegen die Kräfte, die in die Welt drängen.

Etwas im Inneren sehnt sich danach, Kind zu bleiben. Unbewusst zu sein. Das Fremde abzulehnen oder es dem eigenen Willen zu unterwerfen. Nichts zu tun oder nur die eigenen Bedürfnisse nach Vergnügen oder Macht zu befriedigen.

In dieser Tendenz liegt eine Art Trägheit: das Beharren auf einem Zustand, dessen Bewusstseinsebene begrenzter, enger und egoistischer ist.

Die Erweiterung des Lebenshorizonts ist das wesentliche Merkmal des dualistischen Stadiums, gegen das Widerstand geleistet wird. Diese Erweiterung begann bei der Geburt, als du die enge Begrenzung des Mutterleibs verlassen hast. Sie setzt sich fort, bis sie einen kritischen Punkt erreicht: jene Phase, in der du, von Problemen bedrängt, beginnst, gegen sie anzukämpfen.

Sich in einen anderen verwandeln?

Was würde geschehen, wenn du dich einfach in jenes andere, unterschiedliche Ich verwandelst und das vorherige in der Vergangenheit verschwinden lässt?

Der Zweck der religiösen Erziehung – von der Ermahnung, den alten Adam hinter sich zu lassen, bis zu den Wiedergeburtsritualen primitiver Völker – besteht darin, den Menschen in einen neuen Menschen zu verwandeln und die alten Lebensformen verblassen zu lassen.

Doch die Psychologie lehrt, dass nichts in der Psyche wirklich alt ist. Nichts kann absolut sterben. Selbst Paulus musste mit einem „Stachel im Fleisch" kämpfen.

Wer sich vor dem Neuen schützt und in die Vergangenheit zurückweicht, fällt in einen neurotischen Zustand ähnlich dem dessen, der sich mit dem Neuen identifiziert und vor der Vergangenheit flieht. Der Unterschied: Einer wendet sich von der Vergangenheit ab, der andere von der Zukunft. Im Wesentlichen bewahren beide einen engen Bewusstseinszustand.

Die Alternative wäre, diesen Zustand durch die dem Spiel der Gegensätze innewohnende Spannung zu überwinden und so ein breiteres und höheres Bewusstsein zu erreichen.

Das Dilemma der Jugend

Diese Errungenschaft wäre ideal. Aber hier liegt das Problem.

Einerseits hat die Natur kein Interesse an einem höheren Bewusstseinsniveau. Eher im Gegenteil. Andererseits schätzt die Gesellschaft diese Errungenschaften der Psyche nicht. Ihre Belohnungen werden für greifbare Erfolge vergeben, nicht für die Persönlichkeit – die meist posthume Anerkennung erhält.

Daher wird es unerlässlich, sich mit dem Erreichbaren zufriedenzugeben. Die besonderen Fähigkeiten zu differenzieren. Einen Platz in der Gesellschaft zu finden.

Die Leistung, die Nützlichkeit: Diese Ideale scheinen aus dem Labyrinth der Probleme hinauszuführen. Sie können Leitfäden sein, um sich in der Welt zu verankern. Doch sie führen nicht zur Entwicklung jenes breiteren Bewusstseins, das wir Kultur nennen.

In der Jugend ist dieser Ansatz normal. Vorzuziehen gegenüber dem Herumirren im Chaos der Probleme.

Das Dilemma löst sich meist so: Was die Vergangenheit bietet, wird an die Möglichkeiten der Zukunft angepasst. Das Individuum gibt sich mit dem zufrieden, was es erreichen kann, und verzichtet auf andere Potenziale.

Einer verliert einen wertvollen Teil seiner Vergangenheit. Ein anderer einen wertvollen Teil seiner Zukunft. Wir alle erinnern uns an Freunde oder Schulkameraden, die vielversprechende und idealistische Jugendliche waren, die aber Jahre später stagniert und in eine enge Form geschrumpft zu sein schienen.

Ernsthafte Probleme lösen sich nie vollständig

Wenn ein Problem sich ein für alle Mal zu lösen scheint, ist das ein Zeichen, dass etwas im Prozess verloren gegangen ist.

Die Bedeutung eines Problems liegt nicht in seiner Lösung, sondern in der beständigen Arbeit daran. Nur so werden Abstumpfung und Stagnation vermieden.

Sich in der Gesellschaft zu etablieren und die eigene Natur anzupassen, ist eine bedeutende Errungenschaft. Ein Kampf, der sowohl innerlich als auch äußerlich geführt wird, vergleichbar mit dem Kampf eines Kindes, sein Ich zu behaupten. Dieser Kampf bleibt unbemerkt, weil er in der Dunkelheit stattfindet.

Doch wenn du die Beharrlichkeit siehst, mit der jemand in späteren Jahren an kindlichen Illusionen, Annahmen und egoistischen Gewohnheiten festhält, kannst du die Energie schätzen, die zu ihrer Formation erforderlich war.

Die Ideale, Überzeugungen und Prinzipien, die dich in der Jugend leiten – für die du kämpfst, leidest und Siege erringst –

wachsen mit deinem Sein. Du verwandelst dich in sie. Du perpetuierst sie als etwas Natürliches.

Die Krise der Lebensmitte

Während du dich der Lebensmitte näherst und deine persönlichen und sozialen Positionen festigst, scheint es, als hättest du den richtigen Weg entdeckt. Die Prinzipien und Ideale des richtigen Verhaltens. Du betrachtest sie als ewig gültig. Du machst es dir zur Tugend, ihnen treu zu bleiben.

Doch du übersiehst eine wesentliche Tatsache: Die Errungenschaften, die die Gesellschaft belohnt, werden auf Kosten einer Verringerung der Persönlichkeit erzielt.

Viele Aspekte des Lebens, die hätten erfahren werden sollen, werden in die Vergessenheit unter verstaubten Erinnerungen verbannt. Manchmal sind es glühende Kohlen unter grauer Asche.

Statistiken enthüllen eine Zunahme der Häufigkeit von Depressionen bei Männern um die vierzig Jahre. Bei Frauen manifestieren sich neurotische Schwierigkeiten meist etwas früher.

Zwischen fünfunddreißig und vierzig Jahren findet eine bedeutende Veränderung in der menschlichen Psyche statt. Anfangs ist sie nicht bewusst oder auffällig. Sie manifestiert sich durch indirekte Zeichen: eine Transformation, die aus dem Unbewussten zu entstehen scheint.

Oft ist es eine langsame Veränderung des Charakters. In anderen Fällen tauchen in der Kindheit verlorene Züge wieder auf. Oder Neigungen und Interessen beginnen zu schwächen, während andere aufkommen.

Es ist auch üblich, dass Überzeugungen und Prinzipien – besonders die moralischen – sich zu verhärten und starrer zu werden beginnen. Um die fünfzig wird eine Periode der Intoleranz und des Fanatismus erreicht. Als wäre die Existenz dieser Prinzipien bedroht und müsste bekräftigt werden.

Der Wein der Jugend wird nicht immer besser mit den Jahren. Oft wird er trüb.

Der Fall des frommen Mannes

Jung berichtet von einem frommen Mann, einem Kirchendiener, der ab vierzig eine zunehmende und unerträgliche Intoleranz in Fragen der Moral und Religion zeigte. Sein Charakter verschlechterte sich merklich. Er wurde zu einer zutiefst degradierten „Säule der Kirche".

So kam er bis zum Alter von fünfundfünfzig zurecht. Dann, eines Nachts, im Bett sitzend, gestand er seiner Frau:

„Ich gebe es endlich zu! In Wirklichkeit bin ich nichts weiter als ein Schurke."

Dieser Moment des Selbstbewusstseins hatte Konsequenzen. Er verbrachte seine letzten Jahre zügellos lebend und verschwendete sein Vermögen. Er war offensichtlich eine komplexe Person, fähig zu extremen Gegensätzen.

Die Neurose der Lebensmitte

Die häufigen neurotischen Störungen im Erwachsenenalter haben etwas gemeinsam: den Versuch, die psychologischen Dispositionen der Jugend über das Angemessene hinaus zu verlängern.

Wir kennen jene rührenden alten Männer, die weiterhin ihre Jugendtage durchleben, an Erinnerungen heroischer Zeiten festhalten, aber in einer stereotypen und langweiligen Mentalität gefangen sind. Sie sind nicht neurotisch; sie sind einfach in der Monotonie gefangen.

Der Neurotiker hingegen ist niemals mit seiner gegenwärtigen Situation zufrieden. Daher kann er sich nicht an der Vergangenheit erfreuen.

Der Übergang zur zweiten Lebenshälfte

So wie der Neurotiker sich zuvor nicht von der Kindheit lösen konnte, kann er sich jetzt nicht von seiner Jugend trennen.

Er empfindet Abneigung gegenüber den grauen Aspekten des Alterns. Er findet die Aussicht unerträglich. Er versucht immer, in der Zeit zurückzugehen.

Ebenso wie ein Kind das Unbekannte der Welt fürchtet, fürchtet der Erwachsene die zweite Hälfte seines Lebens. Er spürt, dass unbekannte und gefährliche Herausforderungen auf ihn warten. Opfer und Verluste, die er nicht bereit ist zu akzeptieren. Oder dass sein Leben so erfüllt war, dass er nicht darauf verzichten kann.

Ist es die Angst vor dem Tod, die zugrunde liegt? Das scheint unwahrscheinlich. Der Tod ist im Allgemeinen weit entfernt; er wird als abstrakte Idee betrachtet.

Die Ursache aller Schwierigkeiten in diesem Übergang liegt in einer eigentümlichen und tief verwurzelten Veränderung in der Psyche.

Die Analogie der Sonne

Stell dir die Sonne mit menschlichen Gefühlen und dem begrenzten Bewusstsein des Menschen vor.

Am Morgen erhebt sie sich aus dem Meer der Unbewusstheit und betrachtet die weite Welt, die sich vor ihr ausbreitet. Ihre Ausdehnung nimmt zu, während sie aufsteigt. In dieser Ausdehnung entdeckt sie ihren Zweck: die Verwirklichung ihres maximalen Potenzials, die weiteste Verbreitung ihrer Segnungen.

Mit dieser Überzeugung folgt die Sonne ihrem Kurs, bis sie den Zenit erreicht. Ein unvorhersehbarer Weg, weil er einzigartig und individuell ist.

Bei Erreichen des Mittags beginnt der Abstieg. Und dieser Abstieg impliziert die Umkehrung aller am Morgen gehegten Ideale und Werte. Die Sonne gerät in Konflikt mit sich selbst. Es scheint, als müsse sie ihre Strahlen zurückziehen, anstatt sie auszustrahlen. Licht und Wärme nehmen ab und erlöschen schließlich.

Ein französisches Sprichwort fasst es mit zynischer Resignation zusammen: *Si jeunesse savait, si vieillesse pouvait* – Wenn die Jugend wüsste, wenn das Alter könnte.

Glücklicherweise sind wir Menschen keine auf- und untergehenden Sonnen. Dennoch liegt etwas von der Sonne in uns. Vom Morgen und Abend des Lebens zu sprechen ist nicht einfach sentimentaler Ausdruck. Es spiegelt eine psychologische Wahrheit wider, sogar physiologische Fakten.

Die Umkehrung am Mittag verändert sogar die physischen Eigenschaften. Ältere Frauen entwickeln tiefere Stimmen, härtere Gesichtszüge. Männer neigen dazu, männliche Züge zu mildern und weichere Ausdrücke zu entwickeln.

Der Kriegerhäuptling

In der ethnologischen Literatur existiert eine faszinierende Geschichte. Ein indianischer Kriegerhäuptling hatte in der Erwachsenenphase seines Lebens einen Traum, in dem ihm der Große Geist erschien. Er wies ihn an, seine Rolle als Krieger aufzugeben und sich zu den Frauen und Kindern zu setzen, weibliche Kleidung zu tragen und die von ihnen zubereitete Nahrung zu essen.

Trotz des offensichtlichen Prestigeverlusts gehorchte der Häuptling ohne Widerstand.

Diese Geschichte symbolisiert die psychische Revolution, die in der Lebensmitte stattfindet. Männlichkeit und Weiblichkeit können mit Energiereserven gleichgesetzt werden, die in der ersten Lebenshälfte ungleich genutzt werden.

In der ersten Hälfte wird hauptsächlich die Reserve männlicher Energie verbraucht, wobei ein Teil weiblicher Energie übrig bleibt, der nun relevant wird. Frauen können ihre ungenutzte Reserve männlicher Energie aktivieren.

Diese Transformation betrifft mehr die psychische als die physische Ebene. Männer mittleren Alters geben traditionelle Rollen auf, um ihren Ehefrauen in Familienunternehmen zu helfen. Frauen, die sich ausschließlich dem Haushalt gewidmet haben, entdecken neue Facetten, die auf Handeln und Unabhängigkeit ausgerichtet sind.

Doch dieser Übergang ist nicht immer einfach. Er kann Krisen in Beziehungen und in der persönlichen Identität auslösen. Viele begegnen der zweiten Lebenshälfte ohne Vorbereitung.

Im Gegensatz zur Jugend, wo Universitäten Orientierung bieten, gibt es keine Institutionen, die Erwachsene auf die Herausforderungen der Reife vorbereiten.

Der Zweck der späten Lebensphase

Die Ideale und Wahrheiten, die die Jugend leiteten, sind möglicherweise nicht in der Reife anwendbar.

Der Abend des Lebens erfordert eine Neubewertung der Prioritäten und ein erneuertes Engagement für die Selbsterkenntnis. Es ist ein unvermeidlicher Prozess der inneren Kontraktion, in dem du dich auf persönliche und spirituelle Entwicklung konzentrieren musst.

Anstatt an der Vergangenheit festzuhalten oder dich zu weigern, älter zu werden, akzeptiere diesen Prozess als Gelegenheit, dich zu erhellen und einen neuen Zweck zu finden.

Existieren Schulen für das Alter?

Historisch haben Religionen diese Rolle gespielt. Doch wie viele betrachten sie heute als Bildungseinrichtungen? Wie viele haben vollständige Schulung erhalten, um das Alter, den Tod und was danach kommen mag zu bewältigen?

Ein Mensch würde nicht siebzig oder achtzig Jahre alt werden, wenn diese Langlebigkeit keinen Zweck innerhalb der Spezies hätte. Die späte Lebensphase muss ihre eigene Bedeutung haben, nicht nur eine düstere Verlängerung der Jugend sein.

Der Zweck der ersten Lebenshälfte ist klar: persönliche Entwicklung, Integration in die Außenwelt, Fortpflanzung der Spezies, Pflege der Nachkommen. Dies ist das Gebot der Natur.

Doch sobald dieses Gebot erfüllt ist, sollten die Suche nach Reichtümern und die Expansion von Eroberungen ohne Ende weitergehen, über alle Vernunft und jeden Zweck hinaus?

Wer die Ziele der frühen Phase in die späte Phase überträgt, wird eine Beeinträchtigung seiner Seele erleiden. Ebenso wie ein Kind, das versucht, seinen kindlichen Egoismus aufrechtzuerhalten, ein soziales Scheitern erleiden wird.

Geld, soziale Position, Familie, Nachkommen: Dies sind nur Natur, nicht Kultur. Kultur transzendiert den Zweck der Natur.

Könnte Kultur die Bedeutung der zweiten Lebenshälfte sein?

Die verlorene Weisheit der Alten

In primitiven Gesellschaften sind die Alten Hüter der Mysterien und Traditionen. Sie vermitteln das kulturelle Erbe der Gemeinschaft.

Was geschieht in zeitgenössischen Gesellschaften? Wo residiert die Weisheit der Alten, ihre wertvollen Geheimnisse und Einsichten?

Größtenteils versuchen die Alten, mit den Jungen zu konkurrieren. Es wird idealisiert, dass Väter wie Brüder für ihre Kinder sind, dass Mütter wie jüngere Schwestern für ihre Töchter sind.

Diese Verwirrung mag falschen Idealen geschuldet sein. Diejenigen, die sie verteidigen, versuchen, in die Vergangenheit zurückzukehren, anstatt in die Zukunft zu blicken. Es fällt ihnen schwer zu erkennen, welchen Zweck die zweite Lebenshälfte jenseits des bekannten Zwecks der ersten bieten könnte.

Reichen nicht die Verlängerung des Lebens, die Nützlichkeit, die Effizienz, das respektable Bild in der Gesellschaft?

Leider nicht. Viele Menschen nehmen das Alter als bloße Verminderung des Lebens wahr. Sie betrachten ihre früheren Ideale als etwas Verblichenes und Verbrauchtes.

Hätten sie voll gelebt und jede Erfahrung maximal ausgekostet, würden sie das Alter anders wahrnehmen. Hätten sie sich nichts aufgespart, wäre alles, was brennen wollte, bereits verbrannt, und sie würden Trost in der Gelassenheit des Alters finden.

Doch nur wenige Menschen sind wirklich Künstler des Lebens. Die Kunst zu leben ist die vornehmste und seltenste aller Künste. Wer war in der Lage, den Becher des Lebens mit Anmut zu leeren?

Daher bleibt vielen Menschen zu viel Leben zu leben übrig. Potenziale, die niemals hätten verwirklicht werden können, selbst mit den besten Absichten. Sie nähern sich dem Alter mit unbefriedigten Bestrebungen, die sie unvermeidlich zurückblicken lassen.

Die Notwendigkeit eines zukünftigen Ziels

Für diese Menschen ist der Rückblick besonders schädlich. Sie brauchen eine Perspektive und ein Ziel in der Zukunft.

Deshalb halten alle großen Religionen das Versprechen eines Lebens danach aufrecht. Dieses Versprechen erlaubt es, die zweite Lebenshälfte mit ebenso viel Entschlossenheit anzugehen wie die erste.

Für den zeitgenössischen Menschen erscheint die Idee eines Lebens nach dem Tod fragwürdig oder unvorstellbar. Sie haben sich daran gewöhnt zu glauben, dass es zahlreiche widersprüchliche Meinungen und keine überzeugenden Beweise gibt. Sie fordern „wissenschaftliche" Beweise.

Doch gebildete Menschen, die reflektieren können, verstehen, dass solche Beweise nicht existieren. Wir wissen es schlicht nicht.

Aus denselben Gründen können wir nicht wissen, ob einer Person nach dem Tod etwas widerfährt. Die Antwort ist weder ein absolutes Ja noch ein definitives Nein. Wir haben schlicht keine schlüssigen wissenschaftlichen Beweise.

Die Perspektive des Arztes

Hier drängt das Gewissen als Arzt dazu, etwas Wesentliches zu erwähnen.

Ein Leben mit Zweck ist im Allgemeinen besser, erfüllter und gesünder als ein zielloses Leben. Es ist vorzuziehen, mit dem Strom der Zeit voranzuschreiten, als gegen ihn anzukämpfen.

Aus der Perspektive der Psychotherapie erscheint ein alter Mensch, der sich verzweifelt ans Leben klammert, ebenso fragil und krank wie ein junger Mensch, der sich weigert, es zu umarmen. Beide teilen die gleiche kindliche Tendenz: Gier, Angst, Sturheit, mangelnde Bereitschaft.

Als Arzt bin ich überzeugt, dass es hygienisch ist, den Tod als ein Ziel zu betrachten, nach dem man streben sollte. Sich von ihm abzuwenden ist schädlich und abnormal, es beraubt die zweite Lebenshälfte ihres Zwecks.

Die religiöse Lehre über ein Leben danach steht im Einklang mit der mentalen Hygiene. Wenn du in einem Haus lebst, das in zwei Wochen einstürzen wird, werden alle vitalen Aspekte beeinträchtigt. Aber wenn du dich sicher fühlst, kannst du es normal bewohnen.

Aus der Sicht der Psychotherapie wäre es wünschenswert, an den Tod einfach als Übergang zu denken. Ein Teil des Lebensprozesses, dessen Ausdehnung und Dauer dem menschlichen Wissen entzogen sind.

Die Urbilder

Obwohl die meisten der Menschheit nicht verstehen, warum der Körper Salz braucht, benötigen alle es instinktiv. Dasselbe gilt für die Aspekte der Psyche.

Seit undenklichen Zeiten hat die große Mehrheit der Menschen das Bedürfnis gespürt, an die Kontinuität des Lebens zu glauben.

Verstehen wir jemals wirklich, was wir denken? Wir verstehen nur jene Gedanken, die wie einfache Gleichungen sind, wo wir nur das erhalten, was wir hineingesteckt haben. Das ist die Funktion des Intellekts.

Doch darüber hinaus gibt es ein Denken in Urbildern, in Symbolen, die älter sind als der historische Mensch. Sie sind seit undenklichen Zeiten in uns verwurzelt. Ewig lebendig, überleben sie alle Generationen. Sie bilden die Grundlage der menschlichen Psyche.

Wir können nur voll leben, wenn wir in Harmonie mit diesen Symbolen sind. Weisheit liegt darin, zu ihnen zurückzukehren. Es geht nicht um Glauben oder Wissen, sondern um die Übereinstimmung des Denkens mit den Urbildern des Unbewussten.

Einer dieser Urgedanken ist die Idee des Lebens nach dem Tod.

Die Wissenschaft und diese Symbole sind inkommensurabel. Sie sind unentbehrliche Bedingungen der Imagination, Urdaten, deren Existenz die Wissenschaft nicht leugnen kann. Sie kann sie nur als etablierte Fakten behandeln.

Für mich sind diese Bilder so etwas wie psychische Organe. Ich behandle sie mit äußerster Vorsicht. Manchmal muss ich einem älteren Patienten sagen: „Ihr Gottesbild oder Ihre Vorstellung von Unsterblichkeit sind verkümmert; daher funktioniert Ihr psychischer Stoffwechsel nicht richtig."

Das alte *athanasias pharmakon* – das Medikament der Unsterblichkeit – ist tiefgründiger und bedeutsamer, als wir dachten.

Der Bogen des Lebens

Kehren wir zum Vergleich mit der Sonne zurück.

Die hundertachtzig Grad des Lebensbogens können in vier Teile unterteilt werden:

Erstes Viertel (Osten): Die Kindheit. Du bist ein Problem für andere, bist dir aber deiner eigenen Probleme noch nicht bewusst.

Zweites und drittes Viertel: Bewusste Probleme füllen diese Phasen.

Viertes Viertel: Das extreme Alter. Du kehrst zu jenem Zustand zurück, in dem du, befreit vom Bewusstsein, wieder ein Problem für andere bist.

Obwohl Kindheit und extremes Alter völlig verschieden sind, haben sie etwas gemeinsam: das Eintauchen in unbewusste psychische Ereignisse.

Der Geist eines Kindes entwickelt sich aus dem Unbewussten heraus. Der eines sehr alten Menschen ist wieder darin eingetaucht und verblasst allmählich darin.

Sowohl Kindheit als auch extremes Alter sind Phasen ohne bewusste Probleme. Deshalb haben wir sie hier nicht behandelt.

TEIL II - Vom Menschen und seinen archetypischen Symbolen

Nun steigen wir tiefer hinab.

Im ersten Teil haben wir Träume als Botschaften des Unbewussten erkundet. Nun werden wir die Sprache untersuchen, in der sie geschrieben sind: die Symbole und Archetypen, die unsere Lebenserfahrung formen.

Jung entdeckte etwas Beunruhigendes: Die Symbole, die in deinen Träumen auftauchen, sind nicht zufällig. Sie sind Ausdrücke alter Muster, verwurzelt in den Tiefen der Psyche. Er nannte sie Archetypen.

Diese Muster hast du nicht erfunden. Du hast sie geerbt. Über Generationen hinweg bilden sie ein gemeinsames Substrat der gesamten Menschheit. Sie beeinflussen deine Gedanken, Emotionen und Verhaltensweisen auf Arten, die deinem Bewusstsein entgehen.

In diesem Abschnitt werden wir erkunden, wie sich die Archetypen in Träumen, Mythen und religiösen Überzeugungen manifestieren. Und wie ihr Verständnis zu größerer psychischer Integration führen kann.

Jung bestand auf etwas Entscheidendem: Diese unbewussten Inhalte sind keine Relikte der Vergangenheit. Sie sind lebendige Kräfte, die weiterhin deine Realität formen.

Sie zu erkennen ist der erste Schritt, um aufzuhören, ihr Gefangener zu sein.

Die Symbolik der Mutter und der Wiedergeburt im Unbewussten

Nachdem sich der Held in der Traumanalyse geformt hat, entsteht eine Vision: eine Menschenmenge. Diese Symbolik ist vertraut in der Traumarbeit. Sie repräsentiert das Mysterium.

Freud schlägt vor, dass dieses Symbol wegen seiner Fähigkeit gewählt wird, eine Idee darzustellen. Das Individuum, das das Mysterium besitzt, findet sich von der unwissenden Menge getrennt. Ein Geheimnis zu besitzen trennt es vom Rest der Menschheit.

Eine angemessene Steuerung der Libido erfordert eine harmonische Beziehung zur Umwelt. Ein subjektiv wichtiges Geheimnis zu besitzen kann große Störungen erzeugen. In diesem Sinne reduziert sich die ganze Kunst des Lebens darauf, ein Problem zu lösen: wie die Libido auf die am wenigsten schädliche Weise freigesetzt werden kann.

Deshalb erfährt der Neurotiker einen besonderen Nutzen, wenn er sich schließlich von seinen Geheimnissen befreien kann.

Die Stadt als mütterliches Symbol

Die Vision der Menge weitet sich aus. Pferde erscheinen. Eine Schlacht bricht aus. Dann entsteht eine „Cité de Rêves" – eine Traumstadt –, etwas sehr Schönes und Ersehntes, eine Art himmlisches Jerusalem.

Die Stadt ist ein mütterliches Symbol. Eine Figur, die ihre Bewohner wie Kinder umsorgt.

Deshalb tragen die Muttergöttinnen – Rhea, Kybele – eine Mauerkrone. Das Alte Testament personifiziert Städte wie Jerusalem und Babylon als Frauen. Jesaja bezieht sich auf Babylon als die „jungfräuliche Tochter Babylons". Jeremia spricht von ihr als einer Mutter, die beschämt werden wird.

Starke und unbezwingbare Städte sind Jungfrauen. Siedler sind Söhne und Töchter. Städte werden auch mit Prostituierten verglichen. Jesaja erwähnt Tyrus als vergessene Hure.

Im Mythos von Ogyges, dem legendären König von Theben, trug seine Frau den Namen Thebe – genau wie die Stadt. Diese Übereinstimmung deutet auf eine tiefe Beziehung hin: Die Stadt ist der Frau gleichzusetzen.

Eine ähnliche Idee erscheint in der hinduistischen Tradition. Indra ist der Gemahl von Urvara, deren Name „fruchtbares Land" bedeutet. Die Eroberung eines Landes durch einen König wurde als Ehe mit dem Land interpretiert.

Dieses Konzept existierte in Europa. Es wurde erwartet, dass Fürsten bei ihrer Thronbesteigung gute Ernte garantierten. Der schwedische König Domaldi wurde aufgrund des Ernteausfalls getötet. Im Ramayana heiratet der Held Rama Sita, die die Furche des Feldes symbolisiert. Der chinesische Kaiser pflügte bei seiner Thronbesteigung eine Furche.

Die Vorstellung, dass die Erde weiblich ist, impliziert eine kontinuierliche Verbindung mit der Frau, eine physische Kommunikation.

Die nächtliche Reise über das Meer

Die Truhe oder Kiste ist ein weibliches Symbol: der Schoß der Mutter. In den alten Mythologien treibt die Truhe mit ihrem kostbaren Inhalt auf dem Wasser. Eine bemerkenswerte Umkehrung der natürlichen Tatsache: Das Kind schwimmt im Fruchtwasser innerhalb der Gebärmutter.

Diese Umkehrung schafft weitreichende Möglichkeiten für die mythologische Fantasie, besonders für ihre Einbindung in den Sonnenzyklus.

Die Sonne, als unsterblicher Gott, schwebt über dem Meer. Jede Nacht taucht sie ins mütterliche Wasser, um am Morgen verjüngt wiedergeboren zu werden.

Wie Frobenius beobachtet: Es entsteht die Idee einer Geburt, der Geburt eines jungen Sohnes. Dann stellt sich die Frage der Vaterschaft. Die primitive Antwort ist, dass das Meer zuvor die alte Sonne verschlungen hat. Die Frau (das Meer) hat die Sonne verschlungen und bringt nun eine neue zur Welt.

Alle Meeresgötter sind Sonnensymbole. Sie werden in eine Truhe oder Arche für die „nächtliche Reise über das Meer" eingeschlossen, oft zusammen mit einer Frau. Während dieser Reise ist der Sonnengott im Schoß der Mutter eingeschlossen und begegnet verschiedenen Gefahren.

Das Schema des Mythos

Frobenius konstruiert ein Schema aus unzähligen Mythen:

Ein Held wird von einem Wasserungeheuer im Westen verschlungen. Das Tier trägt ihn nach Osten. Währenddessen entzündet der Held Feuer im Bauch des Ungeheuers. Als er Hunger verspürt, schneidet er ein Stück vom hängenden Herzen ab. Bald bemerkt er, dass der Fisch auf trockenes Land gleitet. Er beginnt, das Tier von innen zu öffnen und gleitet hinaus. Im

Bauch des Fisches war es so heiß, dass ihm alle Haare verbrannten. Er befreit alle, die zuvor verschlungen wurden. Alle gleiten hinaus.

Ein bemerkenswertes Pendant ist Noahs Reise während der Sintflut. Alle Kreaturen gehen zugrunde; nur er wird zusammen mit dem Leben, das er hütet, zu einer neuen Geburt getragen.

In einer melanesischen Legende nimmt der Held im Bauch des Königsfisches seine Waffe und öffnet den Bauch. Er gleitet hinaus und betrachtet einen Glanz. „Ich frage mich, wo ich bin", sagt er. Dann springt die Sonne mit einem Satz auf.

Im Ramayana repräsentiert der Affe Hanuman den Sonnenhelden. Als ein Seeungeheuer ihn verschlingen will, dehnt er seine Gestalt aus, bis er so klein wie ein Daumen wird. Er tritt in den großen Körper des Ungeheuers ein und kommt auf der anderen Seite wieder heraus.

Hanuman findet ein weiteres Hindernis: ein anderes Seeungeheuer, die Mutter von Rahus, dem Sonnenverschlinger-Dämon. Er greift zur gleichen Strategie: Er macht sich klein, gleitet in den Körper, aber kaum ist er dort, wächst er zu einer gigantischen Masse heran. Er schwillt an, zerreißt sie, tötet sie und entkommt.

Deshalb wird der indische Feuerträger Mātariçvan „der in der Mutter Anschwellende" genannt.

Die Sehnsucht nach Wiedergeburt

Die Bedeutung dieses Mythenzyklus ist klar: die Sehnsucht, durch die Rückkehr in den Mutterschoß Wiedergeburt zu erlangen. So unsterblich zu werden wie die Sonne.

Diese mütterliche Sehnsucht drückt sich häufig in den heiligen Schriften aus. Im Brief an die Galater: „Das Jerusalem droben aber ist frei, und diese ist unsere Mutter." Die Christen sind Kinder der Stadt Droben, eines geistigen mütterlichen Symbols, im Gegensatz zur irdischen Stadt-Mutter.

Diese Unterscheidung spiegelt den Gegensatz zwischen den nach dem Fleisch Geborenen und den nach dem Geist Geborenen wider. Letztere werden nicht von der physischen Mutter geboren, sondern von einem Symbol, das sie repräsentiert.

Ein ähnlicher Gedanke erscheint in der indischen Tradition, wo das erste Volk aus dem Griff eines Schwertes und einem Weberschiffchen hervorging.

Die Religion ist mit dem Zwang verbunden, die Mutter nicht einfach „Mutter" zu nennen, sondern Stadt, Quelle, Meer. Dieser Zwang leitet sich von der Notwendigkeit ab, eine Menge psychischer Energie auszudrücken, die mit der Mutter verbunden ist, aber auf eine Weise, dass die Mutter in einem Symbol dargestellt oder verborgen ist.

Die zwei Städte der Offenbarung

Die Symbolik der Stadt ist in den Offenbarungen des Johannes gut entwickelt. Zwei Städte spielen wichtige Rollen: eine wird verunglimpft und verflucht; die andere ist sehr begehrt.

Babylon: die schreckliche Mutter

In der Offenbarung erscheint eine „große Hure", die auf vielen Wassern sitzt. Die Könige der Erde haben mit ihr Unzucht getrieben. Die Bewohner der Erde haben sich am Wein ihrer Unzucht berauscht.

Diese Frau ist gekleidet in Purpur und Scharlach, geschmückt mit Gold, Edelsteinen und Perlen. Sie hält einen goldenen Kelch voller Gräuel. Auf ihrer Stirn steht ein geheimnisvoller Name geschrieben: „Babylon die Große, die Mutter der Huren und der Gräuel der Erde."

Die sieben Köpfe des Drachen repräsentieren die sieben Hügel, auf denen die Frau sitzt – wahrscheinlich Rom, die Stadt, deren Macht die Welt beherrschte. Die Wasser repräsentieren „Völker und Scharen und Nationen und Sprachen". Rom war die „Mutter" der Völker.

Die Offenbarung kündigt den Fall Babylons der Großen an. Sie wird zur Behausung von Dämonen und Schlupfwinkel unreiner Geister. Die Vögel – Bilder von Seelen – repräsentieren alle Seelen der Verdammten.

Die Mutter verwandelt sich in Hekate, die Unterwelt selbst, die Stadt der Verdammten.

In der alten Darstellung der Frau auf dem Drachen erkennen wir das Bild der Echidna, der Mutter der höllischen Schrecken. Babylon symbolisiert die „schreckliche" Mutter, die alle Männer verführt und sie mit ihrem Wein berauscht.

Das berauschende Getränk ist mit der Unzucht verbunden: Es ist auch ein Symbol der Libido, wie Feuer und Sonne.

Jerusalem: die himmlische Mutter

Nach dem Fall Babylons präsentiert die Offenbarung eine Hymne, die die „Frau" als Braut des Lammes verherrlicht. Diese Frau offenbart sich als die große heilige Stadt Jerusalem, die vom Himmel herabsteigt, geschmückt mit der Herrlichkeit Gottes.

Es ist offensichtlich, dass diese himmlische Stadt die Mutter ist, symbolisch als Braut des Lammes dargestellt.

Die anderen Attribute verstärken ihre mütterliche Bedeutung. Es wird ein reiner Fluss des Wassers des Lebens beschrieben, der vom Thron Gottes fließt, zusammen mit dem Baum des Lebens, der heilende Früchte trägt. Das Wasser mit seiner mütterlichen Bedeutung ist ein klares Symbol: Aus dem Wasser kommt das Leben. Sowohl Christus als auch Mithras sind in ihren Geburten mit Wasser verbunden.

Der Baum als duales Symbol

Die Vorstellung, dass der Baum des Lebens eine mütterliche Figur symbolisiert, leitet sich aus früheren Beobachtungen ab. Der Baum repräsentiert eine Abstammungslinie und strahlt ein mütterliches Bild aus.

Es gibt zahlreiche Berichte über den menschlichen Ursprung aus Bäumen. Verschiedene Mythen beschreiben, wie der Held im mütterlichen Baum gefangen ist: Osiris in einer Säule eingeschlossen, Adonis in der Myrte. Viele weibliche Gottheiten wurden in Form von Bäumen verehrt.

Es ist besonders symbolisch, dass sich Attis unter einer Kiefer selbst verletzte – eine Handlung, die von seiner Mutter vollzogen wurde.

Häufig wurden Göttinnen als Baumdarstellungen verehrt. Juno in Thespiae war ein einfacher Ast. In Samos war sie ein Brett. Die Diana von Karien war ein unbearbeitetes Stück Holz. Tertullian beschrieb die Ceres von Pharos als „rudis palus et informe lignum sine effigie" – einen rohen Pfahl und formloses Holz ohne Bild.

Dieser Holzpfahl hat phallische Konnotationen. Die Symbolik verkapselt die Essenz einer primitiven Libido und belegt die innige Beziehung zwischen phallischer Libido und Licht.

Die symbolisch bisexuelle Natur des Baumes wird durch die Besonderheit des Lateinischen nahegelegt, Bäumen männliche Endungen zuzuweisen, trotz ihres grammatikalisch weiblichen Geschlechts.

Der Traum vom vergifteten Baum

Eine nervöse Frau entwickelte nach Jahren der Ehe eine Krankheit, die mit der Verdrängung der Libido verbunden war. Nachdem sie einen jungen Mann mit attraktiven Ideen kennengelernt hatte, hatte sie einen Traum:

Sie sah sich in einem Garten mit einem exotischen Baum, der rote, fleischige Blüten oder Früchte trug. Als sie davon aß, war sie entsetzt bei dem Gedanken, dass sie vergiftet sein könnten.

Dieser Traum lässt sich leicht durch die uralte Symbolik interpretieren.

Die wahre Bedeutung der Symbole

Die doppelte Bedeutung des Baumes offenbart etwas Wichtiges: Solche Symbole müssen psychologisch verstanden werden, als Darstellungen der Libido, nicht bloß durch ihre anatomische Form.

Ein Baum darf nicht nur als phallisches Symbol interpretiert werden. Er kann auch eine Frau oder die mütterliche Gebärmutter repräsentieren. Die Konsistenz in seiner Bedeutung stammt aus seiner Verbindung zur Libido.

Man gerät in ein Labyrinth ohne Ausgang, wenn man zu konkretisieren versucht, dass dieses Symbol die Mutter ersetzt und jenes den Phallus. Es gibt keine absolute Bedeutung für Objekte. Die einzige Konstante ist die Libido.

„Alles Vergängliche ist nur ein Gleichnis."

Wir spielen nicht auf die tatsächliche physische Mutter an, sondern auf die Libido des Sohnes, deren anfängliches Objekt die Mutter war.

Mythologische Symbole werden oft zu wörtlich interpretiert, wobei man sich in scheinbaren Widersprüchen verliert. Im Reich der Fantasie ist „das Gefühl das Primäre".

Wenn man liest „seine Mutter war eine böse Hexe", wird wirklich gesagt: Der Sohn ist emotional an sie gebunden, unfähig, seine Libido vom mütterlichen Bild zu lösen. Er steht einem ödipalen Konflikt gegenüber.

Die religiöse Sehnsucht und der Wunsch nach Wiedergeburt

Teile der Offenbarung enthüllen die Psychologie des religiösen Wunsches: die Sehnsucht nach der mütterlichen Figur. Die Prophezeiung gipfelt in einer mütterlichen Vision: „Und es wird keinen Fluch mehr geben." Eine Welt ohne Sünde, Verdrängung, innere Dissonanz, Schuld, Todesangst oder Trennungsschmerz.

Die Offenbarung resoniert mit der gleichen Harmonie, die zweitausend Jahre später Goethe in den letzten Worten des Faust darstellte:

„Jungfrau, Mutter, Königin,

Göttin, bleibe gnädig!"

Angesichts der Größe dieser Gefühle entsteht eine grundlegende Frage: Ist es möglich, dass die ursprüngliche Tendenz, die die Religion kompensiert, zu begrenzt als inzestuöser Wunsch interpretiert wird?

Der „Widerstand gegen die Libido" entspricht dem Inzestverbot. Doch der gesamte Sonnenmythos deutet darauf hin, dass sich der zugrunde liegende Wunsch – etikettiert als „inzestuös" – nicht spezifisch auf sexuelle Beiwohnung richtet.

Er richtet sich auf den tiefen Wunsch, in die Kindheit zurückzukehren. Erneut den elterlichen Schutz zu suchen. Sich wieder in die mütterliche Gebärmutter zu integrieren in der Hoffnung auf Wiedergeburt.

Der Inzest taucht als Hindernis zu diesem Zweck auf. Die Mythen über die Sonne oder die Wiedergeburt sind voller Alternativen, wie der Inzest umgangen werden kann. Eine gängige Strategie ist, die Mutter in ein anderes Wesen zu verwandeln oder sie zu verjüngen.

Es ist nicht der Akt der inzestuösen Beiwohnung, der gesucht wird, sondern die Wiedergeburt. Die Beiwohnung könnte der ursprüngliche Weg sein, aber nicht der einzige.

Der Widerstand gegen das Inzestverbot stimuliert die Kreativität in der Fantasie. Diese Bemühungen bleiben im Bereich des Mythischen, gipfeln aber in der Aktivierung der Imagination, die allmählich Wege öffnet, wo die Libido frei fließen kann und sich vergeistigt.

Dieses „gewünschte Übel" gibt dem spirituellen Leben Ursprung. Deshalb systematisieren die Religionen diesen Prozess.

Nikodemus und die geistige Wiedergeburt

Das Neue Testament bietet ein klares Beispiel. Nikodemus interpretiert die Wiedergeburt wörtlich:

„Wie kann ein Mensch geboren werden, wenn er alt ist? Kann er zum zweiten Mal in den Leib seiner Mutter eingehen?"

Jesus versucht, seine materialistische Perspektive zum Geistigen zu erheben:

„Es ist dasselbe, aber es ist nicht dasselbe."

Er lehrt ihn, dass derjenige, der nicht aus Wasser und Geist geboren wird, nicht in das Reich Gottes eingehen kann. Was aus dem Fleisch geboren ist, ist Fleisch; was aus dem Geist geboren ist, ist Geist. Er bittet ihn, sich nicht zu wundern, dass er von neuem geboren werden muss. Er vergleicht den Geist mit dem Wind, der weht, wo er will.

Aus Wasser geboren zu werden bedeutet, aus der mütterlichen Gebärmutter geboren zu werden. Aus dem Geist geboren zu werden bezieht sich auf die Geburt durch die belebende Kraft des Windes. Im Griechischen bedeutet πνεῦμα sowohl „Geist" als auch „Wind".

Diese Symbolik entspringt dem gleichen Bedürfnis, das die ägyptische Legende der vom Wind befruchteten Geier hervorbrachte – ein mütterliches Symbol.

Zugrunde liegt eine ethische Forderung: Es muss bekräftigt werden, dass die Mutter nicht von einem Sterblichen auf gewöhnliche Weise befruchtet wurde, sondern von einem spirituellen Wesen auf außergewöhnliche Art. Diese Anforderung kollidiert mit der Realität; der Mythos bietet eine Lösung. Die Geschichte eines Helden wird erzählt, der auf außergewöhnliche Weise stirbt und wiedergeboren wird und so Unsterblichkeit erlangt.

In Jesu Herausforderung an Nikodemus sehen wir deutlich die Absicht:

„Denke nicht fleischlich, denn das macht dich fleischlich. Denke symbolisch, und du wirst Geist sein."

Diese Orientierung zum Symbolischen kann einen tiefgreifend erzieherischen und transformierenden Effekt haben.

Die Befreiung der inzestuösen Libido

Als Durchschnittsbürger war Nikodemus vielleicht nicht zu dieser Anstrengung bereit. Den Menschen genügt es im Allgemeinen, ihren inzestuösen Wunsch zu verdrängen und ihn kaum in bescheidenen religiösen Praktiken auszudrücken.

Doch es ist entscheidend, nicht nur zu verzichten und zu verdrängen und in der inzestuösen Schlinge gefangen zu bleiben. Man muss diese Energien befreien und zur persönlichen Verwirklichung kanalisieren. Der Mensch benötigt seine gesamte Libido, um die Grenzen seiner Persönlichkeit zu erweitern.

Die religiösen Mythen weisen die Wege, um die inzestuös fixierte Libido zu befreien. Jesus lehrt Nikodemus:

„Du denkst an deinen inzestuösen Wunsch nach Wiedergeburt, aber du musst verstehen, dass du aus Wasser und Geist geboren wirst und so am ewigen Leben teilhast."

Die Libido, die latent in der verdrängten inzestuösen Bindung verbleibt, kann durch die Symbolik der Taufe (Geburt aus Wasser) und der Zeugung (geistige Geburt durch den Heiligen Geist) zur Sublimierung umgeleitet werden.

Das Individuum wird als Kind wiedergeboren und integriert sich in eine Gemeinschaft von Brüdern und Schwestern. Seine Mutter ist die „Gemeinschaft der Heiligen" – die Kirche. Seine Bruderschaft erstreckt sich auf die Menschheit, mit der es sich durch das gemeinsame Erbe der primordialen Symbolik wieder verbindet.

Das Christentum und die Transformation der Libido

In der Zeit, als das Christentum entstand, schien dieser Prozess besonders notwendig. Aufgrund des ausgeprägten Gegensatzes zwischen Sklaverei und Freiheit war das Bewusstsein der gemeinsamen Verbindung der Menschheit verblasst.

Einer der Gründe für die intensive Regression zur Kindheit im Christentum – die mit dem Wiederaufleben des Inzestproblems zusammenfällt – lag wahrscheinlich in der tiefen Entwertung der Frau. Die Sexualität war so leicht zugänglich, dass sie in übermäßiger Entwertung des Sexualobjekts resultierte.

Das Christentum war das erste, das die Existenz persönlicher Werte anerkannte.

Die Entwertung des Sexualobjekts behindert die Befreiung der Libido, die nicht durch sexuelle Aktivität befriedigt werden kann, weil sie zu einer bereits desexualisierten höheren Ebene gehört. Die Libido, nachdem sie lange „Helena in jeder Frau" assoziiert hat, macht sich auf die Suche nach etwas Schwer zu Erlangendem: dem verehrten, aber vielleicht unerreichbaren Ziel, das im Unbewussten die Mutter repräsentiert.

Die symbolischen Bedürfnisse tauchen wieder auf, basierend auf dem Widerstand gegen den Inzest. Sie verwandeln die schöne und sündige Welt der olympischen Götter in unverständliche, traumhafte und dunkle Mysterien.

Der Wert des religiösen Mythos

Der religiöse Mythos ist eine der wichtigsten menschlichen Institutionen. Trotz seiner täuschenden Symbole bietet er dem Menschen Sicherheit und Stärke, um den Ungeheuern des Universums nicht zu erliegen.

Das Symbol mag vom Standpunkt der buchstäblichen Wahrheit täuschend sein. Doch es ist psychologisch wahr: Es war und ist die Brücke zu den größten Errungenschaften der Menschheit.

Dies bedeutet jedoch nicht, dass die unbewusste Transformation des Inzestwunsches in religiöse Praktiken die einzige mögliche Form ist.

Es gibt auch eine bewusste Anerkennung und ein Verständnis, die es ermöglichen, diese Libido zu religiösen Praktiken zu kanalisieren, ohne das Szenario der religiösen Symbolik zu benötigen.

Es ist denkbar, dass man, anstatt den Mitmenschen aus „Liebe zu Christus" Gutes zu tun, es aus dem Verständnis heraus tut, dass die Menschheit nicht existieren könnte, wenn wir uns nicht für den anderen opfern könnten.

Dies wäre der Weg zur moralischen Autonomie, zur vollkommenen Freiheit, wo der Mensch das wünschen würde, was er tun muss, ohne Zwang, und dies aus Erkenntnis, ohne Täuschung durch den Glauben an religiöse Symbole.

Die Gefahr des blinden Glaubens

Der Glaube an das Symbol hält in einem kindlichen und ethisch unterlegenen Zustand. Obwohl kulturell wichtig und ästhetisch schön, kann diese Täuschung eine Menschheit, die um ihre moralische Autonomie ringt, ethisch nicht mehr befriedigen.

Die moralische Gefahr liegt im Glauben, da durch ihn die Libido auf eine imaginäre Realität gerichtet wird.

Das Symbol einfach zu leugnen ändert nichts: Die mentale Disposition bleibt dieselbe. Die Gefahr liegt im eigenen kindlichen mentalen Zustand.

Der Glaube sollte durch Verständnis ersetzt werden. So würde die Schönheit des Symbols bewahrt, aber man wäre frei von den deprimierenden Ergebnissen der Unterwerfung unter den Glauben.

Dies wäre die psychoanalytische Heilung für Glauben und Unglauben.

Der Mythos von Osiris

Der Mythos von Osiris, detailliert von Plutarch dargestellt, veranschaulicht diese Symbolik.

Osiris und Isis, noch im Schoß ihrer Mutter Rhea, verkörpern den Inzest als Auftakt zu einer Saga von Tod und Wiedergeburt. Osiris, von Typhon getäuscht, findet sein Ende in einer Truhe, die in den Nil geworfen wird. Dies verhindert nicht seine inzestuöse Vereinigung im Jenseits mit Nephthys, einer weiteren seiner Schwestern.

Dieser Zyklus von Leben, Tod und Wiedergeburt spiegelt sich im Inzestverbot und in der Figur der „schrecklichen Mutter" wider, wo der verbotene Wunsch nach der Mutter in Form von Schuld und Angst projiziert wird.

Die Truhe des Osiris wird von einer Erika eingeschlossen und verwandelt sich in einen prächtigen Baum, unter dem Isis in ihrer Trauer wie eine Schwalbe umherflattert.

Das Motiv des toten Gottes, der wiedergeboren wird und nach einer Trauerperiode mit Freude gefeiert wird, wiederholt sich im Laufe der Geschichte und der Kulturen.

Es symbolisiert den ewigen Kampf gegen den Tod und die Sehnsucht nach Unsterblichkeit.

Der innere Kampf um die Befreiung vom mütterlichen Einfluss

Nach einem kurzen Intervall reaktiviert sich die Aktivität des Unbewussten der Träumerin mit bemerkenswerter Intensität. Das Bild, das auftaucht, ist ein Wald voller üppiger Bäume und Sträucher.

Die Symbolik des Waldes gleicht sich der des heiligen Baumes an. In vielen Traditionen befindet sich der heilige Baum innerhalb eines bewaldeten Gebiets oder im Garten Eden. Der heilige Wald ersetzt den Tabubaum und übernimmt all seine symbolischen Attribute.

Die erotische Bedeutung des Gartens ist weithin anerkannt. Wie der Baum besitzt der Wald eine tiefe mütterliche Bedeutung im mythologischen Bereich.

In der folgenden Vision wird der Wald zum Schauplatz eines Dramas: das Schicksal des Helden Chiwantopel, das sich nahe oder innerhalb des Archetyps der „Mutter" entfaltet.

Das Drama von Chiwantopel

Das Drama beginnt so:

„Chiwantopel, aus dem Süden zu Pferd kommend, ist in einen Mantel aus lebhaften Farben gehüllt: rot, blau und weiß. Ein Indianer in Hirschlederkleidung, geschmückt mit Perlen und Federn, nähert sich, kauert nieder und bereitet seinen Bogen vor, um einen Pfeil auf Chiwantopel abzuschießen. Dieser entblößt trotzig seine Brust, und der Indianer, gefesselt von der Szene, weicht zurück und verschwindet zwischen den Bäumen des Waldes."

Chiwantopel wird reitend auf einem Pferd dargestellt. Dieses Detail gewinnt an Bedeutung, weil, wie die weitere Entwicklung des Dramas offenbart, das Pferd nicht nur eine entscheidende Rolle spielt, sondern auch das gleiche tragische Schicksal mit dem Helden teilt. Chiwantopel nennt es „treuer Bruder".

Diese Beziehung hebt eine tiefe Verbindung zwischen dem Pferd und seinem Reiter hervor, die sie zu einem gemeinsamen Schicksal führt.

Die Symbolik des Pferdes

Wir haben bereits beobachtet, wie die Darstellung der „Libido im Widerstand" durch den Archetyp der „schrecklichen Mutter" in einigen Fällen mit dem Bild des Pferdes gleichgesetzt wird. Doch es wäre ungenau zu behaupten, dass das Pferd einfach die Mutter repräsentiert.

Die Vorstellung der Mutter ist ein Symbol der Libido. Das Pferd ist es ebenfalls. Beide Symbole kreuzen sich an bestimmten Punkten ihrer Bedeutung. Die Verbindung liegt in der verdrängten Libido, die mit dem Inzestkomplex verbunden ist.

Sowohl der Held als auch das Pferd tauchen als Darstellungen der Menschheit und ihrer verdrängten Libido auf. Das Pferd symbolisiert das animalische Unbewusste, gezähmt und dem menschlichen Willen unterworfen.

Mythische Figuren und ihre Reittiere

Wir finden parallele Darstellungen in verschiedenen Mythologien:

Agni reitet auf einem Widder. Wotan auf Sleipnir. Ahuramazda auf Angromainyu. Jahwe auf einem monströsen Seraphim. Christus auf einem Esel. Dionysos ebenfalls auf einem Esel. Mithras auf einem Pferd. Freyr auf einem Eber mit goldenen Borsten.

Die Pferde und anderen gerittenen Tiere erlangen tiefe Symbolik, oft anthropomorphisiert. Das Pferd des Mên besitzt menschliche Vorderbeine. Bileams Esel spricht. Laut einer persischen Legende ist der Stier, den Mithras niederwirft, in Wirklichkeit der Gott selbst.

Das Pferd, ausgestattet mit psychologischen Eigenschaften, die dem menschlichen Unbewussten zugeschrieben werden – Hellsichtigkeit, die Fähigkeit, den Weg zu finden, Vorhersage zukünftiger Ereignisse – spiegelt typische Manifestationen des Unbewussten wider.

Diese Verbindung mit dem Tiefen und Primitiven verbindet das Pferd mit Darstellungen des Teufels, der oft pferdeähnliche oder ziegenhafte Formen annimmt und die Assoziation des Pferdes mit phallischen und sexuellen Aspekten unterstreicht.

Das Pferd als Fruchtbarkeitsspender

Pegasus lässt mit seinem Hufschlag die Quelle Hippokrene aus der Erde entspringen. Balders Pferd bringt mit seinem Tritt eine Quelle hervor. So wird der Pferdefuß zum Symbol, das befruchtende Feuchtigkeit spendet.

In der deutschen Mythologie manifestiert sich die Geburtsgöttin Frau Holle zu Pferd. Schwangere Frauen, die eine schnelle Geburt wünschen, bieten einem weißen Pferd Hafer aus ihren Schürzen an. Ursprünglich beinhaltete das Ritual, dass sich das Pferd an den Genitalien der Frau rieb.

Pferdehufe, als Idole verehrt, die Segen und Fruchtbarkeit spenden, etablierten Rechte und territoriale Abgrenzungen, genau wie die Priapen im alten Rom.

Das Hufeisen gilt als Glücksbringer und Schutz. In den Niederlanden schützt ein im Stall aufgehängter Pferdefuß vor Hexerei – ein ähnlicher Effekt wie der des Phallus.

Das Pferd als kosmisches Symbol

Das Pferd symbolisiert den Wind und damit die Libido. Die Zentauren sind Windgötter. Feuer und Licht werden ebenfalls Pferden zugeschrieben, wie die Sonnenpferde des Helios.

Die mystische Quadriga mit ihrer Darstellung des himmlischen Feuers und der vier Elemente symbolisiert die Weltenkonflagration und die Sintflut. Diese Symbolik erstreckt sich auf die Zeit. Der Brihadâranyaka-Upanishad beschreibt das Opferpferd als Metapher für Zeit und Kosmos.

Das Pferd wird auch mit dem Baum Yggdrasil verbunden und wird sowohl zum „Baum des Todes" als auch zum Psychopompos, der die Seelen ins Jenseits geleitet.

Das Trojanische Pferd unterstreicht die Idee, dass nur durch Wiedergeburt aus dem mütterlichen Schoß wahre Unbesiegbarkeit erreicht wird.

Insgesamt umfasst das Pferd als Symbol sowohl phallische als auch mütterliche Aspekte und repräsentiert die durch das Inzestverbot eingeschränkte Libido.

Die Geste des Helden

Im Drama nähert sich ein Indianer Chiwantopel, bereit, einen Pfeil auf ihn abzuschießen. Doch Chiwantopel entblößt mit stolzer Geste seine Brust dem Feind.

Diese Episode erinnert an eine ähnliche Szene in Shakespeares „Julius Caesar": das Missverständnis zwischen Cassius und Brutus. Als Brutus Cassius vorwirft, ihm Geld für die Legionen verweigert zu haben, bricht Cassius in Klagen aus und bietet dramatisch seine eigene Brust an, damit Brutus ihn ersteche.

Eine theatralische und kindliche Geste.

Die analytische Interpretation

Die Interpretation offenbart, dass sich Cassius in diesen Momenten mit der mütterlichen Figur identifiziert. Sein Verhalten ist genuinermaßen weiblich. Sein Suchen nach mütterlicher Zuneigung und seine verzweifelte Unterwerfung unter Brutus' Willen legen Brutus' Beobachtung nahe: dass Cassius „an ein Lamm gebunden" ist.

Dies impliziert eine Schwäche in seinem Charakter, die von der Mutter herrührt.

Hier erkennt man die Züge einer kindlichen Disposition: eine Vorherrschaft des mütterlichen Imago anstelle des väterlichen Imago. Ein Individuum mit dieser Disposition handelt wie ein Kind gegenüber seinen Eltern und verlangt ständig Liebe und sofortige Befriedigung.

Brutus nimmt zu Recht an, dass es die „Mutter" in Cassius ist, die ihm Vorwürfe macht, nicht er selbst.

Was es über die Träumerin offenbart

Die Figuren in den Dramen der Träumerin repräsentieren, da sie Projektionen ihrer eigenen Fantasie sind, Charakterzüge, die ihr gehören. Der Held, als Figur des Wunsches, vereint in sich alle ersehnten Ideale.

Beide Helden – Cyrano in einer anderen Erzählung, Cassius hier – bereiten sich effektiv auf den Tod vor. Diese Haltung offenbart einen Todeswunsch im Unbewussten der Träumerin.

Der Todeswunsch der Jungen ist einfach ein indirekter Ausdruck. Der höchste Gipfel des Lebens drückt sich durch die Symbolik des Todes aus, da die Schöpfung über sich selbst hinaus den persönlichen Tod impliziert. Die kommende Generation ist das Ende der vorherigen.

Die stolze Geste, mit der sich der Held dem Tod anbietet, kann ein indirekter Ausdruck sein, der das Mitleid des anderen herausfordert, unterworfen der analytischen Reduktion, die Brutus im Theaterstück durchführt.

Chiwantopels Verhalten ist verdächtig. Die Cassius-Szene, die ihm als Modell dient, offenbart, dass die ganze Angelegenheit bloß kindlich ist und dass ihr Ursprung einem hyperaktiven mütterlichen Imago geschuldet ist.

Die treibende Kraft hinter diesen symbolischen Visionen entspringt einer kindlichen mütterlichen Übertragung: einer nicht gelösten Bindung an die Mutter.

Die Libido im Konflikt

Im Drama nimmt die Libido eine bedrohliche Aktivität an. Es zeigt sich ein Konflikt, in dem ein Teil den anderen mit Mord bedroht.

Der Held, als Idealbild der Träumerin, ist geneigt zu sterben. Er fürchtet den Tod nicht. Angesichts seiner kindlichen Natur wird wahrscheinlich der Moment kommen, die Bühne zu verlassen – oder in kindlichen Begriffen, zu sterben.

Der Tod kommt in Form eines Pfeils.

In Anbetracht dessen, dass die Helden selbst oft große Bogenschützen sind oder einem Pfeil erliegen (wie der heilige Sebastian), lohnt es sich, die Bedeutung des Todes durch den Pfeil zu untersuchen.

Die Pfeile als innere Qual

In den Biografien christlicher Mystiker, wie der stigmatisierten Nonne Katharina Emmerich, finden sich Beschreibungen neurotischer Herzerkrankungen. Das Leiden wird so empfunden, als würde das Herz ständig von Pfeilen durchbohrt.

Katharina erkannte in diesen Pfeilen die Gedanken, Verschwörungen, geheimen Worte, Missverständnisse und den Mangel an Nächstenliebe ihrer Gefährtinnen.

Heilig zu sein ist eine schwierige Aufgabe. Selbst eine geduldige Natur erträgt solche Verletzungen nicht leicht und sucht sich zu verteidigen. Die Versuchung ist untrennbarer Begleiter der Heiligkeit.

Aus analytischer Erfahrung wissen wir, dass sich diese Versuchungen unbewusst manifestieren können, sodass nur ihre Äquivalente in Form von Symptomen evident werden. Es ist sprichwörtlich, dass Herz und Schmerz eng verbunden sind. Hysteriker verwandeln seelischen Schmerz in körperlichen Schmerz.

Die wahre Quelle des Leidens

Emmerichs Biografin verstand dies korrekt, projizierte die Interpretation jedoch. Laut ihrem Bericht sind es immer die anderen, die Bosheiten auf Katharina projizieren und ihr Schmerzen bereiten.

Doch die Situation hat eine andere Nuance.

Der äußerst schwierige Verzicht auf alle Freuden des Lebens – dieses „Sterben vor dem Erblühen" – ist meist schmerzhaft. Besonders schmerzhaft sind die unerfüllten Wünsche und die Versuche der animalischen Natur, die Macht der Verdrängung zu überwinden.

Die verletzenden Pfeile kommen nicht von außen durch Gerede. Sie stammen aus einem Hinterhalt im eigenen Unbewussten. Dies, mehr als alles Äußere, verursacht das hilflose Leiden.

Es sind die eigenen verdrängten und nicht anerkannten Wünsche, die wie Pfeile im Fleisch eitern.

Eine Passage von Buddha Gautama verkapselt diese Idee:

„Ein aufrichtig gewünschter Wunsch,

Vom Willen erzeugt und genährt,

Wenn er allmählich frustriert werden muss,

bohrt sich wie ein Pfeil ins Fleisch."

Die Wunde und die Introversion

Die durch den eigenen Pfeil verursachte Wunde repräsentiert zunächst den Zustand der Introversion.

Die Lebensenergie taucht in ihre „eigenen Tiefen" ein (ein Vergleich Nietzsches) und findet dort unten, in den Schatten des

Unbewussten, den Ersatz für die obere Welt, die sie verlassen hat: die Welt der Erinnerungen.

Die mächtigsten und einflussreichsten sind die ersten Bilder der kindlichen Erinnerung. Es ist die Welt des Kindes, jener paradiesische Zustand der frühen Kindheit, von dem wir durch ein strenges Gesetz getrennt sind.

In diesem unterirdischen Reich liegen die süßen Gefühle der Heimat und die unerschöpflichen Hoffnungen auf alles, was noch kommen wird.

„Es gibt ein verlorenes und vergessenes Lied,

Ein Lied der Heimat, ein Lied der Kinderliebe,

Herausgeholt aus den Tiefen des Feenbrunnens,

Allen bekannt, aber noch nicht gehört."

Die Gefahr der Tiefen

Doch wie Mephistopheles warnt: „Die Gefahr ist groß."

Diese Tiefen sind verlockend. Sie sind die Mutter und der Tod.

Wenn die Lebensenergie die glänzende obere Welt verlässt – sei es durch Wahl oder durch Schwächung – taucht sie wieder in ihre eigenen Tiefen ein, in die Quelle, aus der sie entsprang. Sie kehrt zu jenem Punkt der Spaltung zurück, dem Nabel, durch den sie einst in diesen Körper eintrat.

Dieser Punkt der Spaltung wird die Mutter genannt, weil aus ihr die Quelle der Lebensenergie stammt.

Wenn eine große Aufgabe bewältigt werden muss, vor der der schwache Mensch zurückschreckt, kehrt seine Lebensenergie zu dieser Quelle zurück. Dies ist der gefährliche Moment: die Wahl zwischen Vernichtung und neuem Leben.

Wenn die Lebensenergie im wunderbaren Reich der inneren Welt gefangen bleibt, dann ist der Mensch für die obere Welt zu einem Gespenst geworden. Er ist praktisch tot oder verzweifelt krank.

Doch wenn es der Lebensenergie gelingt, sich zu befreien und zur oberen Welt zu drängen, dann geschieht das Wunder. Diese Reise in die Unterwelt ist eine Quelle der Jugend geworden, und neue Fruchtbarkeit entspringt aus ihrem scheinbaren Tod.

Der Mythos von Vishnu

Ein hinduistischer Mythos repräsentiert diese Gedankenlinie gut:

Einmal versank Vishnu in Ekstase (Introversion) und während dieses Schlafzustands gebar er Brahma, der, auf der Lotusblüte sitzend, aus Vishnus Nabel emporstieg und die Veden mitbrachte, die er fleißig las.

(Geburt des schöpferischen Denkens aus der Introversion.)

Doch durch Vishnus Ekstase kam eine verschlingende Flut über die Welt.

(Verschlingung durch Introversion, die die Gefahr symbolisiert, in die Mutter des Todes einzutreten.)

Ein Dämon nutzte die Gefahr, stahl Brahma die Veden und versteckte sie in den Tiefen.

(Verschlingung der Lebensenergie.)

Brahma weckte Vishnu, und dieser verwandelte sich in einen Fisch, tauchte in die Flut, kämpfte gegen den Dämon (Drachenkampf), besiegte ihn und gewann die Veden zurück.

(Mit Mühe errungener Schatz.)

Der mütterliche Fluch und die Wunde

Das uneinnehmbare Troja fällt, weil sich die Belagerer im Bauch eines hölzernen Pferdes verbergen. Nur ist Held, wer aus der Mutter wiedergeboren wird, wie die Sonne.

Doch die Gefahr dieses Unterfangens zeigt die Geschichte des Philoktet.

Philoktet war der Einzige in der trojanischen Expedition, der das verborgene Heiligtum der Chryse kannte, wo die Griechen zu opfern planten. Chryse war eine Nymphe, die Philoktet liebte und ihn verfluchte, weil er ihre Liebe verschmähte.

Diese charakteristische Projektion muss auf den verdrängten inzestuösen Wunsch des Sohnes zurückgeführt werden, der so dargestellt wird, als hätte die Mutter den bösen Wunsch, durch dessen Ablehnung der Sohn dem Tod übergeben wurde.

In Wirklichkeit wird der Sohn sterblich, indem er sich von der Mutter trennt. Seine Angst vor dem Tod entspricht dem verdrängten Wunsch, zu ihr zurückzukehren, und lässt ihn glauben, dass die Mutter ihn bedroht oder verfolgt.

Die teleologische Bedeutung dieser Verfolgungsangst ist offensichtlich: Sohn und Mutter getrennt zu halten.

Der Fluch der Chryse erfüllt sich: Philoktet verletzt sich beim Nähern ihres Altars am Fuß mit einem seiner eigenen giftigen tödlichen Pfeile. Oder, laut einer anderen Version, wird er am Fuß von einer giftigen Schlange gebissen.

Seitdem ist er krank.

Die ägyptische Hymne an Re

Diese charakteristische Wunde zerstörte auch Re. Eine ägyptische Hymne beschreibt es:

Isis knetete den Speichel des alten Gottes mit der Erde und erschuf einen ehrwürdigen giftigen Wurm. Sie warf ihn auf den Weg, wo der große Gott wanderte. Der ehrwürdige Wurm stach ihn.

Der göttliche Gott öffnete seinen Mund und seine Stimme hallte bis zum Himmel. Seine Kiefer klapperten, alle seine Glieder zitterten, und das Gift bemächtigte sich seines Fleisches, wie der Nil sich des Landes bemächtigt.

Die Idee, dass die alternde Sonne das menschliche Altern widerspiegelt, wird symbolisch durch das Gift der Schlange mit der Mutter verbunden. Der Mutter wird vorgeworfen, da ihre Bosheit zum Tod des Sonnengottes führt.

Die Schlange, altes Symbol der Angst, repräsentiert den verborgenen Impuls, Zuflucht bei der Mutter zu suchen, denn sie, als Lebensspenderin, wird als einziger Schutz vor dem Tod gesehen.

Nur die Mutter hat die Macht, ihn zu retten. Die Hymne fährt fort:

„Isis kam, Trägerin der Weisheit:

Ihr Atem ist ein Hauch des Lebens,

Ihre Worte zerstreuen das Leiden.

Sie fragte: ‚Was geschieht, göttlicher Vater?

Offenbare deinen Namen,

Denn wer benannt wird, bleibt am Leben.'"

Re versucht mit Titeln und Taten zu antworten, doch das Gift bleibt bestehen. Isis beharrt:

„Der Name, den du mir gegeben hast, ist nicht der deine.

Sage mir die Wahrheit, damit das Gift dich verlässt,

Denn wessen Name ausgesprochen wird, wird leben."

Am Ende offenbart Re seinen wahren Namen. Er erholt sich teilweise, verliert aber seine Macht und zieht sich zur himmlischen Kuh zurück.

Die Interpretation des Mythos

Der „wahre Name" repräsentiert die Seele und die magische Macht und symbolisiert die Libido. Was Isis sucht, ist, die Libido zur Muttergöttin umzuleiten – ein Akt, der sich buchstäblich erfüllt, als der gealterte Gott zur göttlichen Kuh, dem mütterlichen Emblem, zurückkehrt.

Die aktive Libido, die das Bewusstsein des Sohnes beherrscht, erfordert Trennung von der Mutter. Die Sehnsucht des Sohnes nach der Mutter wird zum Hindernis für diese Trennung und manifestiert sich als psychologischer Widerstand.

Dieser Widerstand manifestiert sich in der Neurose durch verschiedene Ängste: die Angst vor dem Leben. Die Angst wächst, wenn es eine Trennung von der Anpassung an die Realität gibt, und wird allgegenwärtig als Hindernis.

Die Angst entspringt der Mutter oder, genauer gesagt, dem Wunsch, zu ihr zurückzukehren, der sich der Anpassung an die Realität widersetzt. Auf diese Weise verwandelt sich die Mutter in eine scheinbar bösartige Figur.

Es bezieht sich nicht auf die tatsächliche Mutter, obwohl diese durch anormale Zuneigung, die die kindliche Abhängigkeit bis ins Erwachsenenalter ausdehnt, erheblichen Schaden anrichten kann. Es geht um das internalisierte mütterliche Bild, das die Rolle der bedrohlichen Figur übernimmt.

Die Nostalgie als Gift

Die Nostalgie nach der Vergangenheit wirkt wie ein Gift, das die Energie und den Unternehmungsgeist lähmt, vergleichbar mit einer giftigen Schlange, die sich in den Weg stellt.

Was als feindliche Kraft erscheint, die die Energie entzieht, ist in Wirklichkeit das individuelle Unbewusste, dessen regressive Neigung beginnt, über die bewusste Anstrengung vorzuherrschen, voranzuschreiten.

Dies kann durch natürliches Altern, bedeutende äußere Schwierigkeiten oder häufiger durch Beziehungen verursacht werden, in denen die Frau eine dominierende Rolle übernimmt und den Mann unfähig macht, sich zu befreien, sodass er in einen kindlichen Zustand zurückkehrt.

Jede Schwächung des erwachsenen Mannes intensiviert die unbewussten Sehnsüchte. Die Abnahme der Kraft präsentiert sich als Rückzug zur Mutter.

Die schöpferische Introversion

Es bleibt uns, einen anderen Weg zu erkunden, durch den das mütterliche Bild wiederbelebt wird: die bewusste Introversion eines schöpferischen Geistes.

Dieser Geist zieht sich, wenn er einer Herausforderung gegenübersteht, zurück und konzentriert seine Energien innerlich, taucht momentan in die Lebensquelle ein, um mehr mütterliche Kraft zu extrahieren, um sein Werk zu vollenden.

Es ist ein mütterlich-filiales Rollenspiel mit sich selbst, geprägt von subtiler Selbstbewunderung und Selbstgefälligkeit. Ein narzisstischer Zustand, der fremden Augen seltsam erscheinen kann.

Die Distanzierung vom mütterlichen Bild, die Geburt aus sich selbst heraus, löst alle Konflikte durch Leiden.

Nietzsche drückt es in seinem Vers aus:

„Warum hast du dich selbst

zum Paradies der alten Schlange gezogen?

Warum hast du dich selbst

zu dir selbst geschleppt?

Nun ein kranker Mann,

von der Schlange vergiftet,

nun ein Gefangener...

Gebeugt während du arbeitest,

in dir selbst eingesperrt,

in dein Sein grabend,

machtlos,

bewegungslos,

ein Kadaver.

Überladen mit hundert Gewichten,

von dir selbst niedergedrückt.

Ein Weiser,

der weise Zarathustra;

du suchtest die schwerste Last

und fandest dich selbst..."

Die Symbolik des Stiers

Diese Rede destilliert reiche Symbolik. Man beschreibt sich selbst als in den Tiefen des eigenen Seins begraben, als kehrte man zur Mutter Erde zurück, erdrückt unter unzähligen Lasten bis zum Tod.

Jemand, der stöhnend die schwere Last seiner eigenen Libido trägt – jene Kraft, die ihn zur Mutter zurückführt.

Dies evoziert den Mythos von Mithras, der seinen Stier trug – laut der ägyptischen Hymne „den Stier seiner Mutter", das heißt, seine mütterliche Liebe als schwerste Last – und damit den schmerzhaften Weg des Transitus antrat.

Dieser Pfad der Passion führte ihn zur Höhle, wo der Stier geopfert wurde.

Ebenso musste Christus das Kreuz tragen, Symbol seiner mütterlichen Liebe, bis zum Opferplatz, wo das Lamm, in der Gestalt des Gotteskindes, in die Gruft in der unterirdischen Krypta getragen wurde.

Was sich für Nietzsche als poetischer Ausdruck manifestiert, wurzelt in einem uralten Mythos. Der Dichter bewahrt die Fähigkeit, jene unsterblichen Gespenster alter Denksysteme durch die Worte der gegenwärtigen Sprache wiederzubeleben.

Die Bedeutung des Opfers

Das Opfer mit seiner tiefen Bedeutung bleibt im Unbewussten der Träumerin verborgen. Der Pfeil ist nicht abgeschossen worden. Der Held Chiwantopel ist noch nicht tödlich vergiftet und bereit zum Selbstopfer.

Dieses Opfer symbolisiert die Loslösung von der Mutter: den Verzicht auf alle Bindungen und Einschränkungen, die die Seele von der Kindheit bis ins Erwachsenenalter mit sich getragen hat.

Aus verschiedenen Andeutungen der Träumerin lässt sich ableiten, dass sie während dieser Fantasien noch im familiären Umfeld lebte, in einer Zeit, als sie vehement nach ihrer Unabhängigkeit strebte.

Zu lange in einer kindlichen Umgebung oder im Schoß der Familie zu bleiben stellt eine echte Gefahr für die geistige Gesundheit dar. Das Leben ruft zur Unabhängigkeit. Diejenigen, die diesem strengen Ruf aus kindlicher Trägheit und Angst nicht folgen, sind von der Neurose bedroht.

Einmal entfesselt, wird die Neurose zunehmend zu einer gültigen Ausrede, um vor den Herausforderungen des Lebens zu fliehen und ewig in einer toxisch komfortablen kindlichen Umgebung zu verbleiben.

Die Wunde als Symbol der Befreiung

Die Fantasie der Pfeilwunde ist mit diesem Kampf um persönliche Unabhängigkeit verbunden. Die Idee dieser Lösung ist noch nicht bei der Träumerin angekommen; sie neigt dazu, sie abzulehnen.

Die Symbolik des verletzenden Pfeils muss auch als Symbol des Koitus interpretiert werden. Doch die Sehnsucht nach Koitus ist in diesem Kontext wirklich ein Symbol der individuellen Manifestation der von den Eltern getrennten Libido, der Eroberung eines autonomen Lebens.

Dieser Schritt zu einer neuen Existenz bedeutet gleichzeitig den Tod des früheren Lebens.

Chiwantopel ist der kindliche Held – der Sohn, das Kind, das Lamm, der Fisch – noch an die Ketten der Kindheit gebunden und muss als Symbol der inzestuösen Libido sterben, um so die rückwärtsgewandte Bindung zu brechen.

Die gesamte Libido wird für die Schlacht des Lebens benötigt. Sie kann nicht zurückbleiben.

Die Träumerin kann diese Entscheidung noch nicht treffen, die alle sentimentalen Bindungen zu Vater und Mutter brechen würde. Doch sie ist notwendig, um dem Ruf des individuellen Schicksals zu folgen.

Eine Einführung in das Studium des Unbewussten

Die menschliche Sprache ist von Symbolik durchdrungen. Über bloß beschreibende Worte hinaus verwenden wir Zeichen und Bilder, die tiefe und komplexe Bedeutungen besitzen. Diese Symbole deuten, im Gegensatz zu bloßen Zeichen, auf etwas Vages, Unbekanntes oder Verborgenes hin. Sie implizieren mehr als ihre direkte Bedeutung suggeriert.

Ein Symbol führt, wenn es vom Verstand erforscht wird, zu Ideen, die die Vernunft transzendieren. Das Rad kann beispielsweise die Vorstellung einer „göttlichen" Sonne hervorrufen, doch an diesem Punkt muss die Vernunft ihre Begrenzung eingestehen. Der Mensch ist unfähig, ein „göttliches" Wesen vollständig zu definieren. Wenn wir etwas „göttlich" nennen, geben wir ihm einfach einen Namen, vielleicht basierend auf einem Glauben, aber nicht auf faktischen Beweisen.

Da es unzählige Dinge jenseits des Bereichs menschlichen Verstehens gibt, verwenden wir ständig symbolische Begriffe, um Konzepte darzustellen, die wir nicht vollständig definieren können. Deshalb verwenden alle Religionen symbolische Sprache oder Bilder.

Doch diese bewusste Verwendung von Symbolen ist nur ein Aspekt des Phänomens. Der Mensch produziert Symbole auch unbewusst und spontan in Form von Träumen.

Die Grenzen der Wahrnehmung

Nichts von dem, was wir wahrnehmen, wird vollständig verstanden. Diese Idee ist grundlegend für das Verständnis der Funktionsweise der Psyche.

Die Sinne begrenzen unsere Wahrnehmung der Welt. Wissenschaftliche Instrumente können diese Defizite teilweise kompensieren, doch selbst die ausgefeiltesten haben Einschränkungen. Sie können die Grenzen der Gewissheit nicht transzendieren.

Darüber hinaus gibt es unbewusste Aspekte in der Wahrnehmung der Realität. Selbst wenn die Sinne auf reale Phänomene reagieren, werden diese beim Übergang vom Bereich der Realität in den des Verstandes transformiert. Innerhalb der Psyche werden sie zu psychischen Ereignissen, deren letztendliche Natur unerkennbar ist, da der Verstand seine eigene Substanz nicht kennen kann.

Jede Erfahrung enthält unbekannte Faktoren. Jedes konkrete Objekt hat unbekannte Aspekte, da wir die letztendliche Natur der Materie selbst nicht kennen können.

Es gibt auch Ereignisse, die wir nicht bewusst zur Kenntnis genommen haben. Sie sind unterhalb der Schwelle des Bewusstseins geblieben. Sie geschahen, wurden aber unterbewusst absorbiert. Wir können uns solcher Ereignisse nur in einem Moment der Intuition bewusst werden oder durch einen Prozess tiefen Nachdenkens, der zur Erkenntnis führt, dass sie stattgefunden haben müssen.

Die Natur der Träume

Träume sind aufschlussreich für den unbewussten Aspekt des Verstandes. Sie präsentieren sich nicht als einfache rationale Gedanken, sondern als symbolische Bilder. Psychologen haben im Studium der Träume den Zugang zum verborgenen Aspekt bewusster mentaler Prozesse gefunden.

Aus dieser Prämisse wurde die Existenz einer unbewussten Psyche gefolgert, obwohl einige Wissenschaftler und Philosophen diese Vorstellung in Frage stellen. Sie argumentieren, dass ihre Existenz zu postulieren die Koexistenz zweier „Ichs" innerhalb einer Person impliziert.

Doch genau das impliziert es, und zwar auf vernünftige Weise.

Die Realität ist, dass viele Menschen unter dieser Spaltung der Persönlichkeit leiden, nicht als pathologisches Symptom, sondern als gewöhnliches Phänomen, das überall und jederzeit beobachtet werden kann.

Das Bewusstsein: Eine junge und fragile Errungenschaft

Die Entwicklung des menschlichen Bewusstseins war ein langer und komplexer Prozess, der unzählige Generationen in Anspruch genommen hat. Diese Evolution ist jedoch weit davon entfernt, abgeschlossen zu sein. Es gibt noch weite Bereiche des Verstandes, die in Dunkelheit gehüllt sind. Die Psyche ist nicht identisch mit dem Bewusstsein und seinem Inhalt.

Die Existenz des Unbewussten zu leugnen impliziert einen irrigen Glauben, dass das aktuelle Wissen über die Psyche erschöpfend ist. Das ist ebenso falsch wie zu denken, wir wüssten alles über das natürliche Universum. Die Psyche ist Teil der Natur, und ihr Mysterium ist ebenso umfangreich.

Historisch gab es Widerstand gegen die Idee eines unbekannten Teils der Psyche. Das Bewusstsein ist eine junge und fragile Errungenschaft, die spezifischen Gefahren ausgesetzt ist. Bei primitiven Völkern sind geistige Störungen wie der „Seelenverlust" häufig und weisen auf eine bedeutende Veränderung des Bewusstseins hin.

In einigen Kulturen glaubt man, dass das Individuum mehrere Seelen hat, was die Wahrnehmung widerspiegelt, dass die Psyche keine Einheit ist, sondern mehrere miteinander verbundene, aber unterschiedliche Entitäten.

Diese Fragilität ist nicht auf primitive Gesellschaften beschränkt. Selbst in der modernen Zivilisation können wir die Identität verlieren, von emotionalen Zuständen beherrscht werden oder die Kontrolle über Handlungen verlieren.

Der Weg zum Studium der Träume

Sigmund Freud war der Pionier, der zuerst versuchte, den unbewussten Hintergrund des Bewusstseins empirisch zu untersuchen. Er ging von der Annahme aus, dass Träume nicht zufällig sind, sondern mit bewussten Gedanken und Problemen verbunden sind.

Diese Annahme basierte auf der vorherigen Arbeit herausragender Neurologen wie Pierre Janet, die beobachtet hatten, dass neurotische Symptome mit bewussten Erfahrungen verbunden sind und als abgespaltene Zonen des bewussten Verstandes betrachtet werden können.

Freud und Josef Breuer erkannten, dass neurotische Symptome – Hysterie, bestimmte Arten von Schmerzen, abnormales Verhalten – symbolische Bedeutung haben. Sie sind eine Art, wie sich der unbewusste Verstand ausdrückt, genau wie in Träumen.

Zum Beispiel kann ein Patient, der sich einer unerträglichen Situation gegenübersieht, einen Krampf beim Versuch zu schlucken entwickeln, was seine Unfähigkeit symbolisiert, die Situation zu akzeptieren.

Die Technik der freien Assoziation

Die Symbole in Träumen sind viel vielfältiger als die physischen Symptome der Neurose. Doch wenn man Freuds Technik der freien Assoziation bei der Analyse dieser Träume verwendet, können zugrunde liegende Grundmuster identifiziert werden.

Freud beobachtete, dass, wenn man einen Träumer ermutigt, frei über seine Traumbilder zu sprechen, der Träumer selbst den unbewussten Hintergrund seiner Sorgen offenbart, sowohl in dem, was er sagt, als auch in dem, was er auslässt. Obwohl seine Ideen irrational erscheinen mögen, wird mit der Zeit deutlich, was er zu vermeiden versucht, welchen unangenehmen Gedanken oder welche unangenehme Erfahrung er verdrängt.

Alles, was er sagt, weist auf den Kern seiner Situation hin.

Der Wendepunkt Jungs

Freud maß Träumen besondere Bedeutung als Ausgangspunkt für den Prozess der freien Assoziation bei. Dieser Ansatz begann jedoch in Frage gestellt zu werden.

Ein Kollege teilte eine persönliche Erfahrung. Während einer langen Zugreise durch Russland blieb er über den seltsamen kyrillischen Buchstaben auf den Bahnhofsschildern nachdenklich, obwohl er die Sprache nicht verstand. Diese Reflexion führte ihn zu einer Reihe alter und unangenehmer Erinnerungen, die auf die Anwesenheit verdrängter emotionaler Komplexe hinwiesen.

Diese Episode ließ an der Notwendigkeit zweifeln, einen Traum als Ausgangspunkt zu verwenden. Sie zeigte, dass man vom Kern aus von jedem Ausgangspunkt aus ankommen kann:

kyrillische Buchstaben, Meditationen über alltägliche Objekte, triviale Gespräche.

Träume haben jedoch eine besondere Bedeutung. Sie entstehen oft aus emotionalen Störungen, an denen auch die üblichen Komplexe beteiligt sind.

Obwohl freie Assoziation von jedem Traum zu versteckten kritischen Gedanken führen kann, begann Jung zu überlegen, ob mehr Aufmerksamkeit auf die tatsächliche Form und den Inhalt der Träume gerichtet werden sollte, anstatt zuzulassen, dass die „freie" Assoziation durch Komplexe führt, die auf anderen Wegen erreicht werden könnten.

Dieser neue Ansatz markierte einen Wendepunkt.

Allmählich hörte Jung auf, den Assoziationen zu folgen, die vom wörtlichen Inhalt des Traums wegführten. Er entschied sich, sich auf die dem Traum selbst innewohnenden Assoziationen zu konzentrieren, in der Überzeugung, dass dieser etwas Spezifisches ausdrückte, das das Unbewusste zu kommunizieren versuchte.

Die Methode Jungs

Diese Veränderung implizierte eine neue Technik, die es ermöglichte, alle verschiedenen Aspekte eines Traums zu betrachten.

Eine Geschichte, die vom bewussten Verstand erzählt wird, hat Anfang, Entwicklung und Ende. Ein Traum folgt nicht dieser linearen Struktur. Seine Dimensionen in Zeit und Raum sind unterschiedlich. Ihn zu verstehen erfordert, ihn aus allen Winkeln zu untersuchen, wie man ein unbekanntes Objekt untersucht, bis man jedes Detail seiner Form kennt.

Das Ziel war, so nah wie möglich am Inhalt des Traums zu bleiben und alle irrelevanten Ideen und Assoziationen auszuschließen, die auftreten könnten. Obwohl letztere zu den Komplexen eines Patienten führen könnten, hatte Jung ein breiteres Ziel als die Entdeckung der Komplexe, die neurotische Störungen verursachen.

Um den psychischen Lebensprozess der gesamten Persönlichkeit zu verstehen, ist es wichtig zu erkennen, dass Träume und symbolische Bilder eine grundlegende Rolle spielen.

Es ist weithin bekannt, dass es verschiedene Bilder gibt, die den sexuellen Akt symbolisieren können. Jedes kann durch Assoziation zur Idee des Geschlechtsverkehrs und zu spezifischen Komplexen über sexuelle Einstellungen führen. Diese gleichen Bilder könnten jedoch in einem Traum auftauchen, der mit anderen Aspekten der Psyche jenseits des sexuellen Akts verbunden ist.

Um einen Traum zu interpretieren, kam Jung zu dem Schluss, dass er sich ausschließlich auf das Material konzentrieren sollte, das auf klare und sichtbare Weise Teil davon ist. Der Traum hat seine eigenen Grenzen und seine spezifische Form zeigt, was ihm gehört.

Während „freie" Assoziation vom Inhalt des Traums wegführt, konzentriert sich Jungs Methode auf das Traumbild selbst. Man arbeitet um dieses Bild herum und ignoriert jeden Versuch des Träumers, sich davon zu trennen.

In der professionellen Arbeit musste Jung wiederholt erinnern: „Zurück zum Traum, was sagt uns der Traum?"

Ein aufschlussreiches Beispiel

Ein Patient träumte von einer vulgären, betrunkenen und ungepflegten Frau, die im Traum seine Frau zu sein schien, obwohl seine Frau in Wirklichkeit völlig anders war.

Auf den ersten Blick schien der Traum falsch skandalös. Der Patient lehnte ihn sofort als absurde Fantasie ab. Hätte man ihm erlaubt, einen Assoziationsprozess zu beginnen, hätte er unweigerlich versucht, sich von der unangenehmen Andeutung zu entfernen. Aber man hätte nichts über die besondere Bedeutung dieses speziellen Traums gelernt.

Was versuchte das Unbewusste mit einer so offensichtlich falschen Aussage zu kommunizieren?

Obwohl die Projektion des Bildes auf seine Frau ungerechtfertigt war, drückte dieses Bild auf irgendeine Weise die Idee einer degenerierten Frau aus, die mit dem Leben des Träumers verbunden war. Nach weiterer Erkundung wurde entdeckt, dass es den verborgenen weiblichen Aspekt in der männlichen Psyche repräsentierte, was Jung die „Anima" nannte.

Dies war der Fall dieses Patienten: Seine weibliche Seite war nicht angenehm. Sein Traum sagte ihm: „In einigen Aspekten verhältst du dich wie ein degeneriertes Weibchen", und gab ihm so einen angemessenen Hinweis.

(Dieses Beispiel sollte nicht als Beweis dafür genommen werden, dass das Unbewusste „moralische Befehle" ausspricht. Der Traum sagte dem Patienten nicht, er solle „sein Verhalten verbessern", sondern versuchte einfach, die unausgeglichene Natur seines bewussten Verstandes auszugleichen, der die Illusion hegte, jederzeit ein perfekter Gentleman zu sein.)

Der Widerstand gegen Träume

Es ist verständlich, dass Träumer dazu neigen, die Botschaft ihrer Träume zu ignorieren und sogar zu leugnen. Das Bewusstsein widersteht natürlicherweise dem Unbekannten und Unbewussten.

Anthropologen nennen dieses Phänomen bei primitiven Völkern „Misoneismus": eine tiefe und abergläubische Angst vor dem Neuen. Primitive zeigen alle Reaktionen eines wilden Tieres gegenüber widrigen Ereignissen.

Doch der „zivilisierte" Mensch reagiert ähnlich auf neue Ideen und errichtet psychologische Barrieren, um sich vor dem Einfluss des Neuen zu schützen. Diese Reaktion kann leicht in der Art und Weise beobachtet werden, wie jedes Individuum auf seine eigenen Träume reagiert, wenn es mit einem überraschenden Gedanken konfrontiert wird.

Viele Pioniere in Philosophie, Wissenschaft und Literatur sind Opfer des angeborenen Konservatismus ihrer Zeitgenossen geworden. Die Psychologie ist beim Versuch, die Funktionsweise des Unbewussten anzugehen, unweigerlich auf Misoneismus in seiner extremsten Form gestoßen.

Grundlegende Prinzipien

Die zwei grundlegenden Punkte bei der Behandlung von Träumen sind:

Erstens: Der Traum muss als Tatsache behandelt werden, über die keine vorherige Annahme gemacht werden sollte, außer dass er auf irgendeine Weise Sinn macht.

Zweitens: Der Traum ist ein spezifischer Ausdruck des Unbewussten.

So niedrig jemand auch vom Unbewussten denken mag, muss er zugeben, dass es sich lohnt, es zu untersuchen. Das Unbewusste ist zumindest auf der gleichen Ebene wie die Laus, die das ehrliche Interesse des Entomologen genießt.

Wenn jemand mit wenig Erfahrung denkt, dass Träume nur chaotische Ereignisse ohne Sinn sind, steht es ihm frei, dies zu tun. Aber wenn man annimmt, dass sie normale Ereignisse sind (was sie tatsächlich sind), ist man verpflichtet zu erwägen, dass sie entweder kausal sind – es gibt einen logischen Grund für ihre Existenz – oder dass sie auf irgendeine Weise beabsichtigt sind, oder beides.

Die Beziehung zwischen Bewusstem und Unbewusstem

Nehmen wir ein jedem bekanntes Beispiel.

Plötzlich stellst du fest, dass du dich nicht erinnerst, was du als Nächstes sagen wolltest, obwohl es dir vor einem Moment vollkommen klar war. Oder du warst dabei, einen Freund vorzustellen, und sein Name entgleitet dir, als du ihn aussprechen wolltest.

Du sagst, du erinnerst dich nicht. Aber in Wirklichkeit ist der Gedanke unbewusst geworden oder hat sich zumindest vorübergehend vom Bewusstsein getrennt.

Das gleiche Phänomen tritt bei den Sinnen auf. Wenn du einen kontinuierlichen Ton an der Grenze der Hörbarkeit hörst, scheint der Klang in regelmäßigen Abständen aufzuhören und wieder zu beginnen. Solche Oszillationen sind auf eine periodische Abnahme und Zunahme der Aufmerksamkeit zurückzuführen, nicht auf irgendeine Veränderung im Ton.

Doch wenn etwas aus dem Bewusstsein verschwindet, hört es nicht auf zu existieren, genauso wenig wie ein Auto, das um eine Ecke gebogen ist, sich in Luft aufgelöst hat. Es verschwindet einfach aus dem Blickfeld. Genauso wie du das Auto später wieder sehen kannst, findest du auch Gedanken wieder, die vorübergehend verloren gegangen waren.

So besteht ein Teil des Unbewussten aus einer Vielzahl von Gedanken, Eindrücken und Bildern, die vorübergehend verdunkelt sind und trotz ihres Verlusts weiterhin den bewussten Verstand beeinflussen.

Der zerstreute Mann

Ein zerstreuter Mann durchquert den Raum, um etwas zu holen. Er stoppt, scheinbar verwirrt; er hat vergessen, wonach er suchte. Seine Hände tasten zwischen den Objekten auf dem Tisch, als wäre er ein Schlafwandler. Er ist sich seines ursprünglichen Zwecks nicht bewusst, wird aber unbewusst von ihm geleitet. Dann wird ihm klar, was er wollte.

Sein Unbewusstes hat ihn geführt.

Das neurotische Verhalten

Wenn du das Verhalten einer neurotischen Person beobachtest, wirst du sehen, dass sie viele Dinge tut, die sie scheinbar bewusst und absichtlich zu tun scheint. Wenn du sie jedoch danach fragst, wirst du feststellen, dass sie sich ihrer entweder nicht bewusst ist oder etwas ganz anderes im Sinn hat.

Sie hört und hört nicht. Sieht und ist blind. Weiß und ist unwissend.

Solche Beispiele sind so häufig, dass der Spezialist bald erkennt, dass sich die unbewussten Inhalte des Verstandes so verhalten, als wären sie bewusst, und dass man sich nie sicher sein kann, ob Gedanke, Rede oder Handlung bewusst sind oder nicht.

Diese Art von Verhalten führt dazu, dass viele Ärzte die Aussagen hysterischer Patienten als Lügen bezeichnen. Diese Menschen sagen sicherlich mehr Unwahrheiten als die meisten, aber „Lüge" ist nicht das richtige Wort. Ihr mentaler Zustand verursacht eine Unsicherheit im Verhalten, weil ihr Bewusstsein einer unvorhersehbaren Verdunkelung durch Interferenz des Unbewussten ausgesetzt ist.

Der Arzt kann diesen Prozess ziemlich deutlich sehen, wenn er einen solchen Patienten hypnotisiert. Es ist leicht zu demonstrieren, dass der Patient sich jedes Details bewusst war. Der Stich in den Arm oder die Bemerkung, die während einer Verdunkelung des Bewusstseins gemacht wurde, können sich so genau erinnert werden, als hätte es keine Anästhesie oder „Vergessen" gegeben.

Jung erinnert sich an eine Frau, die in einem Zustand völliger Benommenheit in die Klinik kam. Als sie am nächsten Tag das Bewusstsein wiedererlangte, wusste sie, wer sie war, aber nicht, wo sie war, wie sie dorthin gekommen war, oder sogar das Datum. Nach der Hypnose erzählte sie ihm jedoch, warum sie krank geworden war, wie sie zur Klinik gekommen war und wer sie eingewiesen hatte. All diese Details konnten verifiziert werden. Sie konnte sogar sagen, zu welcher Uhrzeit sie eingewiesen worden war, weil sie eine Uhr in der Eingangshalle gesehen hatte.

Unter Hypnose war ihr Gedächtnis so klar, als wäre sie die ganze Zeit vollkommen bewusst gewesen.

Normale, nicht pathologische Phänomene

Wenn diese Themen diskutiert werden, basieren sie im Allgemeinen auf Beweisen, die durch klinische Beobachtung geliefert werden. Aus diesem Grund nehmen viele Kritiker an, dass das Unbewusste und seine Manifestationen ausschließlich in den Bereich der Psychopathologie gehören. Sie betrachten jeden Ausdruck des Unbewussten als etwas Neurotisches oder Psychotisches, ohne Bezug zu einem normalen mentalen Zustand.

Die neurotischen Phänomene sind jedoch keine exklusiven Produkte der Krankheit. Sie sind einfach pathologische Übertreibungen normaler Ereignisse; sie sind aufgrund ihrer Übertreibung deutlicher. Hysterische Symptome können bei allen normalen Menschen gefunden werden, sind aber so mild, dass sie meist unbemerkt bleiben.

Das Vergessen ist ein normaler Prozess, bei dem bestimmte bewusste Ideen ihre Kraft verlieren, weil die Aufmerksamkeit abgelenkt wurde. Wenn sich das Interesse verlagert, geraten die Dinge, auf die du dich konzentriert hast, in Dunkelheit, wie eine Taschenlampe, die einen neuen Bereich beleuchtet und einen anderen im Schatten lässt.

Dies ist unvermeidlich, da das Bewusstsein nur einige Bilder gleichzeitig mit völliger Klarheit behalten kann.

Aber die vergessenen Ideen verschwinden nicht vollständig. Obwohl sie nicht willentlich erinnert werden können, sind sie in einem subliminalen Zustand vorhanden, gerade jenseits der Schwelle der Erinnerung. Sie können spontan jederzeit auftauchen, oft nach vielen Jahren scheinbar vollständigen Vergessens.

Subliminale Wahrnehmungen

Wir erleben auch viele Dinge, ohne uns dessen in diesem Moment bewusst zu sein, entweder weil unsere Aufmerksamkeit abgelenkt ist oder weil der Reiz unserer Sinne zu schwach ist, um einen bewussten Eindruck zu hinterlassen. Dennoch hat das Unbewusste diese sensorischen Wahrnehmungen registriert, und diese beeinflussen unsere Art, auf Ereignisse und Menschen zu reagieren, ohne dass wir uns dessen bewusst sind.

Der Geruch der Gänse

Ein Beispiel, das Jung aufschlussreich fand, war das eines Professors, der mit einem seiner Schüler über das Land ging, vertieft in ein ernstes Gespräch. Plötzlich bemerkte der Professor, dass seine Gedanken durch einen unerwarteten Strom von Kindheitserinnerungen unterbrochen wurden. Er konnte diese Ablenkung nicht erklären, da nichts von dem Besprochenen mit diesen Erinnerungen zu tun hatte.

Als er zurückblickte, stellte er fest, dass sie an einem Bauernhof vorbeigegangen waren, als die ersten Erinnerungen auftauchten. Er schlug seinem Schüler vor, zu dem Punkt zurückzukehren, an dem die Fantasien begannen. Als sie ankamen, bemerkte er den Geruch der Gänse, und sofort wurde ihm klar, dass dieser Geruch den Strom der Erinnerungen ausgelöst hatte.

In seiner Jugend lebte der Professor auf einem Bauernhof, wo Gänse gezüchtet wurden, und der charakteristische Geruch hinterließ einen dauerhaften, wenn auch vergessenen Eindruck. Als er auf seinem Spaziergang am Bauernhof vorbeikam, nahm er den Geruch unbewusst wahr, und diese unbewusste Wahrnehmung rief längst vergessene Kindheitserfahrungen hervor.

Die Wahrnehmung war subliminal, weil die Aufmerksamkeit anderswo war und der Reiz nicht stark genug war, um das Bewusstsein direkt zu erreichen. Dennoch ließ er „vergessene" Erinnerungen wieder auftauchen.

Der „auslösende" Effekt

Dieser Effekt kann das Auftreten neurotischer Symptome ebenso erklären wie wohlwollendere Erinnerungen, wenn ein Bild, ein Geruch oder ein Klang eine Situation aus der Vergangenheit hervorruft.

Eine Frau arbeitet vielleicht in ihrem Büro, scheinbar bei guter Laune und gesund. Plötzlich erleidet sie intensive Kopfschmerzen und zeigt andere Zeichen von Angst. Ohne sich bewusst zu sein, hörte sie die Nebelhorn eines entfernten Schiffes, das sie unbewusst an eine schmerzhafte Trennung von einem Geliebten erinnerte, den sie zu vergessen versucht hatte.

Verdrängte Inhalte

Neben dem normalen Vergessen beschrieb Freud Fälle, die das „Vergessen" unangenehmer Erinnerungen beinhalten, Erinnerungen, die man lieber verlieren möchte.

Wie Nietzsche sagte, wenn der Stolz ausreichend besteht, gibt das Gedächtnis lieber nach.

Unter den verlorenen Erinnerungen finden wir viele, die aufgrund ihrer unangenehmen und inakzeptablen Natur subliminal geworden sind. Der Psychologe nennt sie verdrängte Inhalte.

Ein Beispiel: Eine Sekretärin ist eifersüchtig auf einen der Partner ihres Chefs. Sie vergisst oft, diese Person zu Besprechungen einzuladen, obwohl ihr Name deutlich auf der Liste markiert ist. Wenn man sie fragt, sagt sie einfach, dass sie es „vergessen" hat oder dass sie „unterbrochen" wurde. Sie gibt nie zu, nicht einmal sich selbst gegenüber, den wahren Grund für ihre Unterlassung.

Viele Menschen überschätzen die Rolle der Willenskraft und glauben, dass sie nichts erleben können, was sie nicht entscheiden und wünschen. Doch wir müssen lernen, zwischen den intentionalen und nicht intentionalen Inhalten des Verstandes zu unterscheiden.

Die ersteren leiten sich von der Ego-Persönlichkeit ab. Die letzteren entspringen einer Quelle, die nicht identisch mit dem Ego ist, sondern seine „andere Seite" ist.

Es ist diese „andere Seite", die die Sekretärin die Einladungen hätte vergessen lassen.

Kryptomnäsie: Die verborgene Erinnerung

Es gibt viele Gründe, warum wir Dinge vergessen, und es gibt ebenso verschiedene Wege, sie zu erinnern. Ein interessantes Beispiel ist die Kryptomnäsie, auch bekannt als „verborgene Erinnerung".

Ein Autor schreibt vielleicht nach einem vorgefassten Plan, entwickelt ein Argument oder erzählt eine Geschichte, als er plötzlich abweicht. Eine neue Idee taucht auf, ein anderes Bild oder eine völlig neue Nebenhandlung.

Wenn du ihn fragst, warum er diese Abschweifung gemacht hat, kann er möglicherweise nicht antworten. Er könnte sich der Veränderung nicht einmal bewusst gewesen sein, obwohl er völlig neues und scheinbar unbekanntes Material produziert hat.

Manchmal kann jedoch überzeugend demonstriert werden, dass das, was er geschrieben hat, eine erstaunliche Ähnlichkeit mit dem Werk eines anderen Autors aufweist, ein Werk, von dem er glaubt, es nie gesehen zu haben.

Nietzsche und das Tagebuch des Seemanns

Jung fand ein faszinierendes Beispiel in Nietzsches Buch „Also sprach Zarathustra", wo der Autor fast Wort für Wort einen Vorfall reproduziert, der im Bordbuch eines Schiffes von 1686 aufgezeichnet wurde.

Durch reinen Zufall hatte Jung diesen Bericht eines Seemanns in einem Buch gelesen, das um 1835 veröffentlicht wurde (ein halbes Jahrhundert bevor Nietzsche sein Werk schrieb). Als er die ähnliche Passage in „Also sprach Zarathustra" fand, fiel ihm ihr eigentümlicher Stil auf, der sich von Nietzsches gewöhnlicher Sprache unterschied.

Er war überzeugt, dass Nietzsche auch das alte Buch gesehen hatte, obwohl er keinen Verweis darauf machte. Er schrieb an Nietzsches Schwester, die noch lebte, und sie bestätigte, dass sie und ihr Bruder das Buch zusammen gelesen hatten, als er elf Jahre alt war.

Es war undenkbar, dass Nietzsche eine Vorstellung davon hatte, dass er diese Geschichte fünfzig Jahre später plagiierte. Sie war wahrscheinlich unerwartet in seinen bewussten Verstand gerutscht.

In dieser Art von Fällen gibt es eine echte Erinnerung, die nicht bewusst realisiert wird. Dasselbe kann einem Musiker passieren, der in seiner Kindheit eine Volksmelodie hörte und sie als Thema eines symphonischen Satzes findet, den er in seinem Erwachsenenleben komponiert.

Eine Idee oder ein Bild ist aus dem Unbewussten in den bewussten Verstand zurückgekehrt.

Das Unbewusste als Quelle des Neuen

Das bisher Erwähnte ist nur eine oberflächliche Skizze der Natur und Funktionsweise des Unbewussten. Aber es sollte die Art des subliminalen Materials anzeigen, aus dem spontan die Symbole der Träume entstehen können.

Dieses subliminale Material kann aus allen Drängen, Impulsen und Intentionen bestehen; allen Wahrnehmungen und Intuitionen; allen rationalen oder irrationalen Gedanken, Schlussfolgerungen, Induktionen, Deduktionen und Prämissen; und allen Arten von Gefühlen.

All dies kann die Form partieller, temporärer oder konstanter Unbewusstheit annehmen.

In den meisten Fällen wird dieses Material unbewusst, weil es nicht in den bewussten Verstand passt. Einige Gedanken verlieren ihre emotionale Energie und werden subliminal, weil sie als uninteressant oder irrelevant erschienen sind, oder weil es einen Grund gibt, warum wir sie aus dem Blick nehmen möchten.

Es ist normal und notwendig, auf diese Weise zu „vergessen", um Raum im bewussten Verstand für neue Eindrücke und Ideen zu lassen. Wenn dies nicht geschähe, würde alles, was wir erleben, über der Schwelle des Bewusstseins bleiben und der Verstand wäre überfüllt.

Die Entdeckung Jungs

Doch genauso wie bewusste Inhalte ins Unbewusste verblassen können, können auch neue Inhalte entstehen, die nie bewusst waren.

Du kannst eine Vorahnung haben, dass etwas im Begriff ist, ins Bewusstsein einzubrechen: dass „etwas in der Luft liegt" oder dass du „eine Ratte riechst".

Die Entdeckung, dass das Unbewusste nicht nur ein Speicher der Vergangenheit ist, sondern auch voller Keime zukünftiger psychischer Situationen und Ideen ist, führte Jung zu seinem eigenen neuen Ansatz der Psychologie.

Über diesen Punkt ist große Kontroverse entstanden. Aber es ist eine Tatsache, dass neben Erinnerungen an eine bewusste ferne Vergangenheit auch völlig neue kreative Gedanken und Ideen aus dem Unbewussten entstehen können, Gedanken und Ideen, die nie zuvor bewusst waren.

Sie steigen aus den dunklen Tiefen des Verstandes auf wie ein Lotus und bilden einen wichtigen Teil der subliminalen Psyche.

Wissenschaftliche Offenbarungen

Klare Beweise für diese Tatsache finden sich in der Geschichte der Wissenschaft.

Der französische Mathematiker Poincaré und der Chemiker Kekulé schrieben wichtige wissenschaftliche Entdeckungen (wie sie selbst zugaben) plötzlichen bildlichen „Offenbarungen" aus dem Unbewussten zu.

Die sogenannte „mystische" Erfahrung des französischen Philosophen Descartes stellte eine plötzliche Offenbarung dar, in der er in einem Augenblick die „Ordnung aller Wissenschaften" sah.

Der Schriftsteller Robert Louis Stevenson hatte jahrelang nach einer Geschichte gesucht, die zu seinem „starken Gefühl des doppelten Seins des Menschen" passte, als sich ihm die Handlung von Dr. Jekyll und Mr. Hyde plötzlich in einem Traum offenbarte.

Die Schlange Kekulés

Der deutsche Chemiker des 19. Jahrhunderts, Kekulé, untersuchte die molekulare Struktur des Benzols. Er hatte einen aufschlussreichen Traum, in dem er eine Schlange visualisierte, die sich in den Schwanz biss. Dieses Bild, das auch ein altes Symbol ist, führte ihn zur Interpretation, dass die Struktur des Benzols ein geschlossener Ring von Kohlenstoffatomen war.

In der professionellen Arbeit beobachtete Jung immer wieder, dass die Bilder und Ideen, die Träume enthalten, nicht allein durch das Gedächtnis erklärt werden können.

Sie drücken neue Gedanken aus, die nie die Schwelle des Bewusstseins erreicht haben.

Die Rolle der Träume in der menschlichen Psyche

Träume sind das fundamentale Substrat, aus dem die meisten Symbole hervorgehen. Doch ihre Bedeutung zu enträtseln stellt eine beträchtliche Herausforderung dar.

Im Gegensatz zu den vom bewussten Verstand konstruierten Erzählungen zeichnen sich Träume durch ihre komplizierte und verwirrende Natur aus. Im Wachzustand wählen wir sorgfältig die Worte aus und bemühen uns, uns logisch auszudrücken. Wir vermeiden die Vermischung von Metaphern, um Verwirrung zu verhindern.

Im Traumreich verschwimmt die Realität. Widersprüchliche und surrealistische Bilder überfluten den Verstand. Die Zeit verliert ihre Linearität. Das Gewöhnliche nimmt einen faszinierenden oder bedrohlichen Anstrich an.

Warum organisiert der unbewusste Verstand seinen Inhalt so anders als das bewusste Leben? Diese Disparität ist einer der Gründe, warum die meisten Menschen es schwierig finden, ihre Träume zu interpretieren. Sie fordern die alltägliche Erfahrung heraus, weshalb wir dazu neigen, sie abzulehnen oder Verwirrung angesichts ihrer zu bekennen.

Die Ungenauigkeit des bewussten Denkens

Vielleicht ist es verständlicher, wenn wir berücksichtigen, dass die Ideen, die wir im bewussten Leben handhaben, nicht so präzise sind, wie wir denken. Ihre Bedeutung und ihre emotionale Ladung werden diffuser, je mehr wir sie analysieren.

Dies liegt daran, dass jede Erfahrung oder angesammelte Information ins Unbewusste filtern kann, sogar das, was wir bewusst zu erinnern glauben. Bewusste Wahrnehmungen erlangen eine zugrunde liegende Nuance, die ihre Bedeutung jedes Mal beeinflusst, wenn wir sie hervorrufen.

Diese Nuancen variieren von Person zu Person, da jeder Ideen individuell interpretiert, beeinflusst von seinem kulturellen Gepäck und seinen persönlichen Erfahrungen.

Träume spiegeln diese psychische Komplexität wider. Obwohl scheinbar chaotisch, manifestieren sie die subliminalen Assoziationen, die wir Objekten und Ideen im bewussten Verstand zuschreiben.

Daher kann ein einfaches Traumelement eine tiefe psychologische Bedeutung erlangen, die selbst nach dem Erwachen stören kann: ein verschlossenes Zimmer oder das Verpassen eines Zuges.

Traumbilder sind deutlich lebendiger als die Konzepte des Wachseins. Ein Grund: In Träumen können diese Konzepte ihre unbewusste Bedeutung ausdrücken. In bewussten Gedanken beschränken wir uns auf rationale Aussagen, die weniger farbenfroh sind aufgrund der Eliminierung eines Großteils ihrer emotionalen Assoziationen.

Ein aufschlussreicher Traum

Jung erzählt von einem Traum, der ihn erheblich verwirrte. Darin versuchte ein Mann, sich hinter Jung zu positionieren und auf seinen Rücken zu springen. Er wusste kaum, wer dieser Mensch war, außer durch die Wahrnehmung, dass er eine Bemerkung von ihm bis zu einer grotesken Parodie verzerrt hatte.

Jung gelang es nicht, die Beziehung zwischen dieser Tatsache und den Versuchen des Mannes, auf ihn zu springen, zu erkennen.

In seiner beruflichen Erfahrung war ihm jedoch wiederholt passiert, dass jemand seine Worte falsch darstellte, so häufig, dass er sich kaum die Mühe gemacht hatte, sich zu fragen, ob ihn dies irritierte.

Bald wurde ihm klar, dass der Traum ihm die Bedeutung zeigte, eine bewusste Kontrolle über seine emotionalen Reaktionen aufrechtzuerhalten.

Der Traum hatte einen österreichischen umgangssprachlichen Ausdruck genommen und ihn in ein visuelles Bild übersetzt. Die Phrase „Du kannst mir auf den Buckel steigen" bedeutet „Es ist mir egal, was du von mir denkst". Ein englisches Äquivalent, das in einem ähnlichen Traum erscheinen könnte, wäre „Go jump in a lake" (Geh in den See springen).

Dieses Traumbild war symbolisch: Es stellte die Situation nicht direkt dar, sondern drückte den Punkt indirekt durch eine Metapher aus, die Jung zunächst nicht verstehen konnte.

Wenn dies geschieht, handelt es sich nicht um eine absichtliche „Verkleidung" seitens des Traums. Vielmehr spiegelt es die Grenzen unseres Verständnisses der emotional aufgeladenen visuellen Sprache wider.

Der primitive und der zivilisierte Verstand

Im Alltag versuchen wir, uns präzise auszudrücken, und haben gelernt, fantasievollen Schmuck sowohl in der Sprache als auch in den Gedanken zu vermeiden. Wir haben eine Qualität verloren, die noch den primitiven Verstand charakterisiert.

Die meisten Menschen haben alle fantasievollen emotionalen Assoziationen, die Objekte oder Ideen besitzen, ins Unbewusste verbannt. Im Gegensatz dazu bleibt das primitive Individuum sich dieser emotionalen Eigenschaften bewusst. Es schreibt Tieren, Pflanzen oder Felsen Kräfte zu, die wir als seltsam und inakzeptabel betrachten.

Ein Bewohner des afrikanischen Dschungels mag ein nächtliches Geschöpf am Tag sehen und verstehen, dass es ein Heiler ist, der vorübergehend diese Form angenommen hat. Oder er mag es als Ahnengeist seines Stammes betrachten.

Ein Baum kann eine vitale Rolle im Leben eines primitiven Individuums spielen, scheinbar seine eigene Seele und Stimme besitzend. Das Individuum wird fühlen, dass es sein Schicksal teilt.

Es gibt Stämme in Südamerika, die behaupten, rote Ara-Papageien zu sein, obwohl sie sich vollkommen bewusst sind, dass sie keine Federn, Flügel oder Schnäbel haben. In der Welt der Primitiven sind die Dinge nicht mit der gleichen Klarheit definiert wie in „rationalen" Gesellschaften.

Die mystische Partizipation

Diese psychische Identität oder „mystische Partizipation" wurde aus unserer materiellen Welt verbannt. Doch es ist dieser Reichtum unbewusster emotionaler Assoziationen, der der Welt der Primitiven einen lebendigen und fantastischen Aspekt verleiht.

Wir haben sie so sehr verloren, dass wir sie nicht erkennen, wenn wir sie wiederfinden. Für den modernen Menschen bleiben diese Dinge unter der Schwelle des Bewusstseins. Wenn sie gelegentlich auftauchen, argumentieren wir sogar, dass etwas nicht stimmt.

Die Angst vor dem Irrationalen

Bei vielen Gelegenheiten konsultierten kultivierte und intelligente Menschen Jung wegen seltsamer Träume, Fantasien oder Visionen, die sie tief beunruhigt hatten. Sie hatten angenommen, dass niemand in einem gesunden mentalen Zustand solche Dinge erleben könnte.

Ein Theologe sagte einmal zu Jung, dass die Visionen Hesekiels nichts weiter als Krankheitssymptome waren, und dass, als Moses und andere Propheten „Stimmen" hörten, sie unter Halluzinationen litten.

Stell dir die Panik vor, die er fühlte, als ihm „spontan" so etwas passierte.

Der moderne Mensch ist so an die scheinbare Rationalität seiner Welt gewöhnt, dass er sich kaum etwas vorstellen kann, das nicht durch Logik erklärt werden kann. Ein primitives Individuum, das mit einer ähnlichen Erfahrung konfrontiert wird, würde seine geistige Gesundheit nicht in Frage stellen; es würde die Erfahrung Geistern, Göttern oder mysteriösen Kräften zuschreiben.

Die erlebten Emotionen sind jedoch dieselben. Tatsächlich können die Ängste, die aus der Zivilisation stammen, noch bedrohlicher sein als diejenigen, die die Primitiven Dämonen zuschreiben.

Der Arzt, der den Himmel desinfizierte

Manchmal erinnert die Haltung des modernen zivilisierten Menschen an die eines psychotischen Patienten in Jungs Klinik, der ebenfalls Arzt war.

Eines Morgens fragte Jung ihn, wie er sich fühle. Der Patient antwortete, dass er eine wunderbare Nacht verbracht hatte, indem er den gesamten Himmel mit Quecksilberchlorid desinfizierte, aber im Verlauf dieses akribischen Prozesses keine Spur von Gott gefunden hatte.

Hier beobachten wir eine Neurose oder etwas Schlimmeres. Anstelle von Gott oder der „Gottesfurcht" gibt es eine Angstneurose oder irgendeine Art von Phobie. Die Emotion bleibt dieselbe, aber ihr Objekt hat sowohl Namen als auch Natur geändert, zum Schlechteren.

Der Professor mit Krebsphobie

Jung erinnert sich an einen Philosophieprofessor, der ihn wegen seiner Krebsphobie konsultierte. Er litt unter einer zwanghaften Überzeugung, dass er einen bösartigen Tumor hatte, obwohl in Dutzenden von Röntgenaufnahmen nie etwas gefunden wurde.

„Ich weiß, dass da nichts ist", sagte er, „aber es könnte etwas geben."

Woher kam diese Idee? Offensichtlich war es eine Angst, die nicht aus bewusster Überlegung stammte. Der krankhafte Gedanke bemächtigte sich plötzlich seiner und hatte eine eigene Macht, die er nicht kontrollieren konnte.

Für diesen gebildeten Mann war es viel schwieriger, diese Art von Erfahrung zuzugeben, als für ein primitives Individuum zuzugeben, dass es von einem bösen Geist verfolgt wurde. Der negative Einfluss böser Geister war zumindest eine plausible Hypothese in einer primitiven Kultur. Aber zuzugeben, dass seine Probleme nichts weiter als Erfindungen der Imagination waren, war für eine zivilisierte Person verheerend.

Das primitive Phänomen der Besessenheit ist nicht verschwunden. Es bleibt dasselbe wie eh und je. Es wird einfach anders interpretiert und mit einer unangenehmeren Nuance.

Die „archaischen Überreste"

Jung hat mehrere Vergleiche zwischen dem modernen und dem primitiven Menschen angestellt. Solche Vergleiche sind wesentlich, um die menschliche Tendenz zu verstehen, Symbole zu schaffen, und die Rolle, die Träume in ihrem Ausdruck spielen.

Viele Träume präsentieren Bilder und Assoziationen, die primitiven Ideen, Mythen und Ritualen ähneln. Freud nannte diese Traumbilder „archaische Überreste" und schlug vor, dass es psychische Elemente sind, die im menschlichen Verstand aus alten Zeiten überlebt haben.

Diese Sichtweise ist typisch für diejenigen, die das Unbewusste als bloßen Anhang des Bewusstseins betrachten (oder, malerischer ausgedrückt, als Mülleimer, der allen Abfall des bewussten Verstandes sammelt).

Eine tiefere Untersuchung führte Jung jedoch zu dem Schluss, dass diese Haltung unhaltbar ist.

Er fand heraus, dass diese Assoziationen und Bilder ein integraler Bestandteil des Unbewussten sind und überall beobachtet werden können, unabhängig davon, ob der Träumer gebildet oder Analphabet, intelligent oder nicht ist. Sie sind keine leblosen „Überreste". Sie bleiben aktiv und sind besonders wertvoll aufgrund ihrer „historischen Natur".

Sie fungieren als Brücke zwischen den Formen, in denen wir bewusst Gedanken ausdrücken, und einer primitiveren, farbenfroheren und bildhafteren Ausdrucksform. Diese Form spricht direkt Gefühle und Emotionen an.

Diese „historischen" Assoziationen dienen als Verbindung zwischen der rationalen Welt des Bewusstseins und der Welt des Instinkts.

Die Sprache der Träume

Wir haben bereits den Kontrast zwischen den „kontrollierten" Gedanken des bewussten Lebens und dem Reichtum der in Träumen produzierten Bilder erwähnt.

Nun können wir einen weiteren Grund für diesen Unterschied sehen: Im zivilisierten Leben haben wir viele Ideen ihrer emotionalen Energie beraubt, sodass wir nicht wirklich mehr auf sie reagieren. Wir verwenden sie in der Rede und zeigen eine konventionelle Reaktion, wenn andere sie verwenden, aber sie berühren uns nicht tief.

Es braucht etwas mehr, damit bestimmte Dinge tief genug gehen, um Einstellung und Verhalten zu ändern.

Das ist es, was die „Sprache der Träume" erreicht. Ihre Symbolik besitzt so viel psychische Energie, dass wir gezwungen sind, ihr Aufmerksamkeit zu schenken.

Die stur Frau

Jung erzählt von einer Frau, die für ihre Vorurteile und ihren hartnäckigen Widerstand gegen die Vernunft bekannt war. Man konnte die ganze Nacht mit ihr diskutieren, ohne ein Ergebnis zu erzielen. Sie hörte einfach nicht zu.

Ihre Träume waren jedoch anders.

Eines Nachts träumte sie, dass sie an einem wichtigen gesellschaftlichen Treffen teilnahm. Die Gastgeberin empfing sie mit diesen Worten: „Ich bin froh, dass du gekommen bist. Alle deine Freunde sind hier und warten auf dich." Die Gastgeberin führte sie zur Tür, öffnete sie, und die Träumerin trat in einen Stall ein.

Diese Traumsprache war klar genug, um selbst von jemandem mit geringer intellektueller Kapazität verstanden zu werden.

Zunächst widersetzte sich die Frau, die Bedeutung eines Traums zu akzeptieren, der direkt ihre eigene Wichtigkeit angriff. Doch schließlich kam die Botschaft bei ihr an und sie musste sie akzeptieren, weil sie die selbst offenbarte Wahrheit nicht ignorieren konnte.

Die kompensierende Funktion der Träume

Die Botschaften des Unbewussten sind wichtiger, als die meisten Menschen glauben.

Im bewussten Leben sind wir verschiedenen Einflüssen ausgesetzt. Andere Menschen beeinflussen uns. Ereignisse bei der Arbeit oder im sozialen Leben lenken uns ab. Diese Einflüsse können uns auf Wege führen, die für unsere Individualität nicht geeignet sind.

Ob wir uns ihrer Wirkung bewusst sind oder nicht, sie beeinflussen uns und setzen uns fast wehrlos aus. Dies gilt besonders für diejenigen, deren mentale Einstellung extravertiert die äußeren Objekte betont, oder für diejenigen, die mit Minderwertigkeitsgefühlen kämpfen.

Je mehr das Bewusstsein von Vorurteilen, Fehlern, Fantasien und kindlichen Wünschen beeinflusst wird, desto mehr wird sich die bestehende Kluft zu einer neurotischen Dissoziation erweitern und zu einem künstlichen Leben führen, das von gesunden Instinkten, der Natur und der Wahrheit entfernt ist.

Die allgemeine Funktion der Träume ist der Versuch, das psychologische Gleichgewicht wiederherzustellen, indem Traummaterial produziert wird, das das psychische Gesamtungleichgewicht kompensiert.

Das ist es, was Jung die ergänzende (oder kompensierende) Rolle der Träume nennt.

Es erklärt, warum Menschen mit unrealistischen Ideen oder einer übertriebenen Meinung von sich selbst oder die grandiose Pläne machen, die nicht ihren tatsächlichen Fähigkeiten entsprechen, Träume vom Fliegen oder Fallen haben. Die Träume kompensieren die Mängel ihrer Persönlichkeiten und warnen gleichzeitig vor den Gefahren ihres aktuellen Kurses.

Wenn die Warnungen ignoriert werden, können echte Unfälle auftreten. Die Person kann die Treppe hinunterfallen oder einen Autounfall erleiden.

Der Bergsteiger

Jung erinnert sich an einen Fall, in dem ein Mann tief in trübe Angelegenheiten verwickelt war. Er entwickelte eine fast obsessive Leidenschaft für gefährliches Bergsteigen als Form der Kompensation. Er suchte, „sich selbst zu überwinden".

Eines Nachts träumte er, dass er vom Gipfel eines hohen Berges in die Leere hinabstieg.

Als er Jung seinen Traum erzählte, erkannte dieser sofort die Gefahr und versuchte, die Warnung zu betonen, indem er ihn überzeugte, sich zurückzuhalten. Er warnte ihn sogar, dass der Traum seinen Tod in einem Bergsteigerunfall voraussagte.

Aber es war vergeblich.

Sechs Monate später „warf er sich in die Leere". Ein Bergführer sah ihn zusammen mit einem Freund an einem schwierigen Ort an einem Seil hinabsteigen. Der Freund hatte einen vorübergehenden Halt auf einem Felsvorsprung gefunden, und der Träumer folgte ihm hinunter. Plötzlich ließ er das Seil los, „als würde er sich in die Leere werfen", laut dem Führer.

Er fiel auf seinen Freund und beide starben.

Die hochmütige Frau

Ein weiterer bemerkenswerter Fall war der einer Frau, die über ihre Verhältnisse lebte. Sie war hochmütig und mächtig in ihrem täglichen Leben, hatte aber verstörende Träume, die alle Arten unangenehmer Dinge hervorriefen.

Als Jung sie entdeckte, weigerte sie sich empört, sie anzuerkennen.

Dann wurden die Träume bedrohlich und voller Hinweise auf die Spaziergänge, die sie allein im Wald unternahm, wo sie sich bewegenden Fantasien hingab. Jung sah die Gefahr, aber sie hörte nicht auf seine Warnungen.

Kurz darauf wurde sie brutal im Wald von einem sexuellen Perversen angegriffen. Wäre nicht die Intervention einiger Menschen gewesen, die ihre Schreie hörten, wäre sie gestorben.

Es gibt nichts Magisches daran. Was die Träume Jung mitteilten, war der geheime Wunsch dieser Frau, ein ähnliches Abenteuer zu erleben, genau wie der Bergsteiger unbewusst die Befriedigung suchte, seinen Schwierigkeiten endgültig zu entkommen.

Keiner von beiden ahnte den hohen Preis, den sie zahlen mussten.

Träume als Vorahnung

Auf diese Weise können Träume manchmal Situationen lange vorher vorhersehen, bevor sie auftreten. Es ist nicht unbedingt ein Wunder oder eine Form der Vorahnung.

Viele Krisen im Leben haben eine lange unbewusste Geschichte. Wir gehen auf sie zu, ohne uns der sich anhäufenden Gefahren bewusst zu sein. Aber was wir nicht bewusst sehen, wird oft vom Unbewussten wahrgenommen, das diese Information durch Träume übermitteln kann.

Träume können oft auf diese Weise warnen. Aber anscheinend tun sie es genauso oft nicht.

Daher ist jede Annahme einer wohlwollenden Hand, die rechtzeitig anhält, zweifelhaft. Es scheint, dass manchmal eine wohlwollende Agentur handelt und manchmal nicht. Die mysteriöse Hand kann sogar den Weg ins Verderben weisen; Träume erweisen sich manchmal als Fallen, oder scheinen es zumindest.

Manchmal handeln sie wie das Orakel von Delphi, das König Krösus sagte, dass er, wenn er den Fluss Halys überquere, ein großes Reich zerstören würde. Erst nachdem er nach der Überquerung des Flusses in der Schlacht besiegt worden war, entdeckte er, dass das Reich, auf das sich das Orakel bezog, sein eigenes war.

Man kann nicht naiv sein, wenn es um Träume geht. Sie stammen von einem Geist, der nicht ganz menschlich ist, sondern eher ein Flüstern der Natur: ein Geist, der sowohl wohlwollend und großzügig als auch grausam ist.

Wenn du versuchst, diesen Geist zu charakterisieren, kommst du ihm in den Reichen der alten Mythologien oder den Märchen des Urwalds näher als im Bewusstsein des modernen Menschen.

Das Gleichgewicht zwischen Verlusten und Gewinnen

Jung leugnet nicht, dass die Evolution der zivilisierten Gesellschaft große Vorteile gebracht hat. Doch diese Errungenschaften sind auf Kosten enormer Verluste gekommen, deren Ausmaß wir kaum begonnen haben zu berechnen.

Der primitive Mensch war viel mehr von seinen Instinkten geleitet als seine modernen „rationalen" Nachkommen, die gelernt haben, „sich zu kontrollieren". In diesem zivilisatorischen Prozess haben wir das Bewusstsein zunehmend von den tieferen instinktiven Schichten der Psyche getrennt und sogar von der somatischen Basis des psychischen Phänomens.

Glücklicherweise haben wir diese grundlegenden instinktiven Schichten nicht verloren. Sie bleiben Teil des Unbewussten, obwohl sie sich nur in Form von Traumbildern ausdrücken.

Diese instinktiven Phänomene, die wir oft nicht für das erkennen, was sie sind, aufgrund ihrer symbolischen Natur, spielen eine vitale Rolle in der kompensierenden Funktion der Träume.

Zum Wohl der mentalen Stabilität und sogar der physiologischen Gesundheit müssen das Unbewusste und das Bewusste eng verbunden sein und sich auf parallelen Linien bewegen. Wenn sie sich trennen oder „dissoziieren", können psychologische Störungen auftreten.

Die Traumsymbole sind die wesentlichen Träger der Botschaft von den instinktiven Teilen zu den rationalen Teilen des menschlichen Verstandes. Ihre Interpretation bereichert die Armut des Bewusstseins, damit es lernt, die vergessene Sprache der Instinkte wieder zu verstehen.

Der afrikanische Stamm

Natürlich stellen die Menschen diese Funktion häufig infrage, da ihre Symbole oft unbemerkt bleiben oder nicht verstanden werden. Im Alltag gilt das Verständnis von Träumen als überflüssig.

Jung veranschaulicht dies anhand seiner Erfahrung mit einem primitiven Stamm in Ostafrika. Zu seiner Überraschung bestritten die Mitglieder dieses Stammes, Träume zu haben.

Doch durch geduldige und indirekte Gespräche entdeckte Jung, dass sie wie alle anderen auch träumten, jedoch glaubten, diese hätten keinerlei Bedeutung.

„Die Träume gewöhnlicher Männer bedeuten nichts", sagten sie ihm.

Sie dachten, die einzig wichtigen Träume seien jene der Häuptlinge und Medizinmänner; diese Träume, die das Wohl des Stammes betrafen, wurden sehr geschätzt.

Das einzige Problem war, dass sowohl der Häuptling als auch der Medizinmann behaupteten, keine bedeutsamen Träume mehr zu haben. Sie führten diese Veränderung auf die Ankunft der Briten zurück. Der Distriktkommissar hatte die Funktion der „großen Träume" übernommen, die bis dahin das Verhalten des Stammes geleitet hatten.

Als diese Stammesmitglieder einräumten, dass sie träumten, aber glaubten, dies sei bedeutungslos, glichen sie dem modernen Menschen, der meint, ein Traum habe für ihn keine Bedeutung, nur weil er ihn nicht versteht.

Doch selbst ein zivilisierter Mensch kann manchmal beobachten, dass ein Traum (an den er sich vielleicht nicht einmal erinnert) seine Stimmung zum Guten oder Schlechten verändern kann. Der Traum wurde „verstanden", aber nur unterschwellig.

Nur in seltenen Fällen, wenn ein Traum besonders eindrucksvoll ist oder sich in regelmäßigen Abständen wiederholt, halten die meisten Menschen eine Deutung für wünschenswert.

Warnungen zur Traumdeutung

Jung fügt eine Warnung vor unintelligenter oder inkompetenter Traumanalyse hinzu.

Es gibt Menschen, deren seelische Gesundheit so unausgeglichen ist, dass die Deutung ihrer Träume äußerst riskant sein kann. In solchen Fällen ist ein stark unausgeglichener Verstand von einem ebenso irrationalen Unbewussten getrennt, und beide dürfen nicht ohne besondere Vorsichtsmaßnahmen miteinander verbunden werden.

Allgemeiner gesprochen ist es naiv, an systematische, vordefinierte Leitfäden zur Traumdeutung zu glauben, als könne man einfach ein Nachschlagewerk kaufen und ein bestimmtes Symbol nachschlagen.

Kein Traumsymbol kann vom Individuum getrennt werden, das es träumt. Es gibt keine definitive oder direkte Deutung irgendeines Traums. Jeder Einzelne unterscheidet sich darin, wie sein Unbewusstes seinen bewussten Verstand ergänzt oder kompensiert.

Daher ist es unmöglich, sicher zu sein, inwieweit Träume und ihre Symbole klassifiziert werden können.

Wiederkehrende Motive

Es ist wahr, dass es wiederkehrende Träume und Symbole gibt (Jung würde sie lieber „Motive" nennen), die verbreitet sind:

Fallen. Fliegen. Von gefährlichen Tieren oder feindseligen Menschen verfolgt werden. An öffentlichen Orten unangemessen gekleidet sein. In Eile sein oder sich inmitten einer Menschenmenge verirren. Mit nutzlosen Waffen kämpfen oder völlig wehrlos sein. Viel laufen, ohne irgendwohin zu gelangen.

Ein typisches kindliches Motiv ist der Traum, unendlich klein oder unendlich groß zu werden oder sich von einem ins andere zu verwandeln, wie in „Alice im Wunderland".

Aber diese Motive müssen im Kontext des jeweiligen Traums betrachtet werden, nicht als selbsterklärende Schlüssel.

Jungs wiederkehrender Traum

Das Phänomen des wiederkehrenden Traums ist bemerkenswert. Es gibt Fälle, in denen Menschen von der Kindheit bis ins Erwachsenenalter denselben Traum hatten.

Ein solcher Traum ist meist ein Versuch, einen bestimmten Mangel in der Lebenseinstellung des Träumenden zu kompensieren. Oder er kann auf ein traumatisches Ereignis zurückgehen, das eine spezifische Voreingenommenheit hinterlassen hat. Manchmal kann er auch ein wichtiges zukünftiges Ereignis vorwegnehmen.

Jung hatte über mehrere Jahre ein wiederkehrendes Motiv, in dem er einen Teil seines Hauses „entdeckte", von dessen Existenz er nichts wusste.

Manchmal war es der Bereich, in dem seine längst verstorbenen Eltern lebten, wo sein Vater ein Labor hatte, in dem er die vergleichende Anatomie von Fischen studierte, und seine Mutter ein Hotel für geisterhafte Besucher führte.

Gewöhnlich war dieser unbekannte Flügel ein altes historisches Gebäude, längst vergessen, aber in seinem erblichen Besitz. Es enthielt interessante antike Möbel.

Am Ende dieser Traumserie entdeckte Jung eine alte Bibliothek, deren Bücher ihm unbekannt waren. Schließlich öffnete er im letzten Traum eines der Bücher und fand darin eine Fülle wunderbarer symbolischer Bilder.

Als er erwachte, schlug sein Herz vor Aufregung.

Die Bestätigung

Einige Monate bevor er diesen letzten Traum hatte, hatte Jung bei einem Antiquar eine klassische Zusammenstellung mittelalterlicher Alchemisten bestellt. Er hatte in der Literatur ein Zitat gefunden, von dem er dachte, es könnte mit der frühen byzantinischen Alchemie in Verbindung stehen.

Mehrere Wochen nachdem er den Traum vom unbekannten Buch gehabt hatte, kam ein Paket vom Buchhändler. Darin befand sich ein Pergamentband aus dem 16. Jahrhundert. Er war mit faszinierenden symbolischen Bildern illustriert, die ihn sofort an jene erinnerten, die er in seinem Traum gesehen hatte.

Da die Wiederentdeckung der Prinzipien der Alchemie zu einem wichtigen Teil von Jungs Arbeit wurde, lässt sich das Motiv seines wiederkehrenden Traums leicht verstehen.

Das Haus war ein Symbol seiner Persönlichkeit und seiner bewussten Interessen. Der unbekannte Anbau stellte die Vorwegnahme eines neuen Interessens- und Forschungsgebiets dar, dessen sich sein bewusster Verstand zu diesem Zeitpunkt nicht bewusst war.

Seitdem, vor 30 Jahren, hat Jung diesen Traum nicht mehr gehabt.

Techniken und Überlegungen bei der Traumanalyse

Jung begann diesen Essay mit dem Hinweis auf den Unterschied zwischen einem Zeichen und einem Symbol.

Das Zeichen ist immer weniger als das Konzept, das es darstellt. Das Symbol steht immer für etwas mehr als seine offensichtliche und unmittelbare Bedeutung.

Darüber hinaus sind Symbole natürliche und spontane Produkte. Kein Genie hat sich jemals mit Feder oder Pinsel hingesetzt und gesagt: „Jetzt werde ich ein Symbol erfinden."

Niemand kann einen mehr oder weniger rationalen Gedanken, zu dem man als logische Schlussfolgerung gelangt ist, nehmen und ihm dann eine „symbolische" Form geben. Wie phantastisch auch immer die Verzierungen sein mögen, die man einer solchen Idee verleiht, sie wird ein Zeichen bleiben, verbunden mit dem bewussten Denken, das ihr zugrunde liegt. Sie wird kein Symbol sein, das auf etwas hindeutet, das noch nicht bekannt ist.

In Träumen entstehen Symbole spontan, weil Träume geschehen und nicht erfunden werden. Daher sind sie die Hauptquelle all unseres Wissens über die Symbolik.

Symbole jenseits der Träume

Symbole erscheinen nicht nur in Träumen. Sie manifestieren sich in allen Arten psychischer Ausdrucksformen. Es gibt symbolische Gedanken und Gefühle, symbolische Handlungen und Situationen.

Oft scheint es, als ob selbst unbelebte Objekte mit dem Unbewussten zusammenarbeiten, um symbolische Muster zu schaffen.

Es gibt viele gut dokumentierte Geschichten von Uhren, die im Moment des Todes ihres Besitzers stehen blieben. Eine davon ist die Pendeluhr im Palast Friedrichs des Großen in Sanssouci, die stehen blieb, als der Kaiser starb.

Andere gängige Beispiele: ein Spiegel, der zerbricht, oder ein Bild, das fällt, wenn ein Todesfall eintritt. Kleine unerklärliche Brüche in einem Haus während einer emotionalen Krise von jemandem.

Auch wenn Skeptiker sich weigern, solchen Berichten zu glauben, tauchen immer wieder Geschichten dieser Art auf. Allein dies sollte als Beweis für ihre psychologische Bedeutung ausreichen.

Kollektive Symbole

Es gibt viele Symbole – unter den bedeutsamsten –, die nicht individuell, sondern kollektiv in ihrer Natur und Herkunft sind. Sie beziehen sich hauptsächlich auf religiöse Bilder.

Gläubige nehmen an, dass sie göttlichen Ursprungs sind, dass sie dem Menschen offenbart wurden. Skeptiker behaupten kategorisch, sie seien erfunden worden.

Beide liegen falsch.

Es stimmt, wie Skeptiker anmerken, dass religiöse Symbole und Konzepte über Jahrhunderte Gegenstand sorgfältiger und ziemlich bewusster Ausarbeitung waren.

Es stimmt auch, wie Gläubige andeuten, dass ihr Ursprung so sehr im Geheimnis der Vergangenheit gehüllt ist, dass sie einer menschlichen Quelle zu entbehren scheinen.

Aber in Wirklichkeit sind sie „kollektive Vorstellungen", entstanden aus primitiven Träumen und schöpferischen Phantasien. Als solche sind diese Bilder spontane und unwillkürliche Manifestationen. Keinesfalls sind sie absichtliche Erfindungen.

Die Bedeutung der symbolischen Perspektive

Diese Tatsache hat einen direkten und wichtigen Bezug zur Traumdeutung.

Es ist offensichtlich, dass du den Traum anders deuten wirst, wenn du ihn als symbolisch betrachtest, als jemand, der glaubt, der energetisierende wesentliche Gedanke oder die Emotion sei bereits bekannt und werde lediglich durch den Traum „verschleiert".

Im letzteren Fall macht die Traumdeutung wenig Sinn, denn man findet nur, was man bereits kennt.

Deshalb hat Jung seinen Schülern immer gesagt:

„Lernt alles, was ihr über die Symbolik lernen könnt; dann vergesst alles, wenn ihr einen Traum analysiert."

Dieser Rat ist von solch praktischer Bedeutung, dass Jung sich zur Regel gemacht hat, sich daran zu erinnern, dass er den Traum einer anderen Person niemals gut genug verstehen kann, um ihn richtig zu deuten.

Er tat dies, um den Fluss seiner eigenen Assoziationen und Reaktionen zu kontrollieren, die sonst die Unsicherheiten und das Zögern des Patienten überwältigen könnten.

Da es für einen Analytiker von größter therapeutischer Bedeutung ist, die besondere Botschaft eines Traums – das heißt, den Beitrag, den das Unbewusste zum bewussten Verstand leistet – so genau wie möglich zu erfassen, ist es wesentlich, den Inhalt eines Traums mit größter Gründlichkeit zu erkunden.

Der Traum vom Haus

Jung erzählt von einem Traum, den er hatte, als er mit Freud arbeitete, und der diesen Punkt veranschaulicht.

Er träumte, dass er in „seinem Haus" war, offenbar im ersten Stock, in einem gemütlichen Wohnzimmer, das im Stil des

18. Jahrhunderts eingerichtet war. Es überraschte ihn, dass er diesen Raum nie gesehen hatte, und er begann sich zu fragen, wie wohl das Erdgeschoss aussehen würde.

Er ging die Treppe hinunter und stellte fest, dass der Ort ziemlich dunkel war, mit getäfelten Wänden und schweren Möbeln aus dem 16. Jahrhundert oder noch früher. Seine Überraschung und Neugier wuchsen. Er wollte mehr von der gesamten Struktur dieses Hauses sehen.

Er ging hinunter in den Keller, wo er eine Tür fand, die zu einer steinernen Treppe führte, die in einen großen gewölbten Saal hinabführte. Der Boden bestand aus großen Steinplatten, und die Wände schienen sehr alt zu sein. Er untersuchte den Mörtel und entdeckte, dass er mit Ziegelsplittern vermischt war. Offenbar waren die Wände römischen Ursprungs.

Seine Erregung nahm zu.

In einer Ecke sah er einen Eisenring auf einer Steinplatte. Er hob die Platte an und sah eine weitere enge Treppe, die zu einer Art Höhle führte, die wie eine prähistorische Grabkammer aussah, mit zwei Schädeln, einigen Knochen und zerbrochenen Keramikfragmenten.

Dann erwachte er.

Was Freud nicht verstand

Hätte Freud bei der Analyse dieses Traums Jungs Methode befolgt, seine spezifischen Assoziationen und seinen Kontext zu erkunden, hätte er eine weitreichende Geschichte entdeckt. Aber Jung befürchtet, dass er sie als einen bloßen Fluchtversuch vor einem Problem abgetan hätte, das in Wirklichkeit Freuds Problem war.

Der Traum ist tatsächlich eine kurze Zusammenfassung von Jungs Leben, genauer gesagt der Entwicklung seines Geistes.

Jung wuchs in einem 200 Jahre alten Haus auf. Seine Möbel waren größtenteils Stücke von etwa 300 Jahren. Sein größtes geistiges Abenteuer bis dahin war das Studium der Philosophien Kants und Schopenhauers gewesen. Die große Neuheit des Tages war das Werk Charles Darwins.

Kurz zuvor hatte Jung noch mit den mittelalterlichen Vorstellungen seiner Eltern gelebt, für die die Welt und die Menschen weiterhin unter göttlicher Allmacht und Vorsehung standen. Diese Welt war veraltet und überholt geworden. Sein christlicher Glaube hatte sich durch seine Begegnung mit östlichen Religionen und griechischer Philosophie relativiert.

Deshalb war das Erdgeschoss so still, dunkel und offensichtlich unbewohnt.

Die Schädel und die Anatomie

Jungs historische Interessen hatten sich aus einer ursprünglichen Beschäftigung mit vergleichender Anatomie und Paläontologie entwickelt, während er als Assistent am Anatomischen Institut arbeitete. Ihn faszinierten die Knochen des fossilen Menschen, insbesondere der viel diskutierte Neandertaler und der noch umstrittenere Schädel des Pithecanthropus von Dubois.

Dies waren seine wahren Assoziationen zu dem Traum.

Aber er wagte es nicht, Freud gegenüber das Thema Schädel, Skelette oder Leichen zu erwähnen, weil er gelernt hatte, dass dieses Thema bei ihm nicht beliebt war. Freud hegte die eigentümliche Vorstellung, dass Jung seinen frühen Tod vorwegnehme. Er zog diese Schlussfolgerung aus der Tatsache, dass Jung großes Interesse an den mumifizierten Leichen im sogenannten Bleikeller in Bremen gezeigt hatte, den sie 1909 gemeinsam besuchten, als sie das Schiff nach Amerika nehmen wollten.

Da er sich sehr unsicher über seine eigene Psychologie fühlte, log Jung Freud fast automatisch über seine „freien Assoziationen" an, um der unmöglichen Aufgabe zu entkommen, ihm seine so persönliche und völlig andere Veranlagung zu erklären.

Die Sackgasse mit Freud

Jung entschuldigt sich für diese ziemlich lange Schilderung der Sackgasse, in die er geriet, als er Freud von seinem Traum erzählte. Aber es ist ein gutes Beispiel für die Schwierigkeiten, in die man im Verlauf einer echten Traumanalyse gerät.

Es hängt stark von den persönlichen Unterschieden zwischen dem Analytiker und dem Analysierten ab.

Jung erkannte bald, dass Freud nach irgendeinem unvereinbaren Wunsch von ihm suchte. Also schlug er zaghaft vor, dass die Totenköpfe, von denen er geträumt hatte, sich auf bestimmte Mitglieder seiner Familie beziehen könnten, deren Tod er aus irgendeinem Grund wünschen könnte.

Dieser Vorschlag erhielt Freuds Zustimmung, aber Jung war mit einer solchen „falschen" Lösung nicht zufrieden.

Die entscheidende Intuition

Während er versuchte, eine angemessene Antwort auf Freuds Fragen zu finden, fühlte Jung sich durch eine Intuition über die Rolle verwirrt, die der subjektive Faktor im psychologischen Verständnis spielt.

Seine Intuition war so überwältigend, dass er nur daran dachte, wie er aus diesem unmöglichen Schlamassel herauskommen konnte, und er nahm den leichten Weg durch eine Lüge. Das war weder elegant noch moralisch vertretbar, aber andernfalls hätte er einen tödlichen Streit mit Freud riskiert, und Jung fühlte sich aus vielen Gründen nicht in der Lage dazu.

Jungs Intuition bestand in der plötzlichen und unerwartetsten Erkenntnis einer Tatsache:

Sein Traum bedeutete ihn selbst, sein Leben und seine Welt, seine ganze Wirklichkeit gegen eine theoretische Struktur, die von einem anderen, fremden Geist aus eigenen Gründen und Absichten errichtet worden war.

Es war nicht Freuds Traum. Es war Jungs Traum. Und plötzlich verstand er in einem Augenblick, was sein Traum bedeutete.

Die Traumanalyse als dialektischer Austausch

Dieser Konflikt veranschaulicht einen entscheidenden Punkt über die Traumanalyse.

Sie ist nicht so sehr eine Technik, die man lernen und nach Regeln anwenden kann, sondern ein dialektischer Austausch zwischen zwei Persönlichkeiten.

Wird sie als mechanische Technik gehandhabt, geht die individuelle psychische Persönlichkeit des Träumenden verloren. Das therapeutische Problem reduziert sich auf die einfache Frage: Welche der beiden Personen – der Analytiker oder der Träumende – wird die andere dominieren?

Jung gab die hypnotische Behandlung aus genau diesem Grund auf: Er wollte anderen seinen Willen nicht aufzwingen.

Er wollte, dass die Heilungsprozesse aus der eigenen Persönlichkeit des Patienten hervorgehen, nicht aus seinen Suggestionen, die nur eine vorübergehende Wirkung hätten. Sein Ziel war es, die Würde und Freiheit des Patienten zu schützen und zu bewahren, damit er sein Leben nach seinen eigenen Wünschen leben konnte.

In diesem Austausch mit Freud wurde Jung zum ersten Mal bewusst, dass man viel mehr über den wirklichen Menschen lernen sollte, mit dem man es zu tun hat, bevor man allgemeine Theorien über den Menschen und seine Psyche aufstellt.

Das Individuum als einzige Wirklichkeit

Das Individuum ist die einzige Wirklichkeit.

Je weiter man sich vom Individuum zu abstrakten Ideen über den Homo sapiens entfernt, desto wahrscheinlicher verfällt man dem Irrtum.

In diesen Zeiten sozialer Unruhe und schnellen Wandels ist es wünschenswert, viel mehr über das individuelle menschliche Wesen zu wissen, als wir wissen, da viel von seinen geistigen und moralischen Qualitäten abhängt.

Aber wenn man die Dinge in rechter Perspektive sehen will, muss man die Vergangenheit des Menschen ebenso verstehen wie seine Gegenwart.

Daher ist das Verständnis von Mythen und Symbolen unerlässlich.

Die Theorie der psychologischen Typen und ihre Relevanz für die Traumdeutung

In der Praxis der Psychologie ist es in den meisten wissenschaftlichen Disziplinen legitim, eine Hypothese auf ein unpersönliches Subjekt anzuwenden. Aber die Psychologie steht unweigerlich vor der lebendigen Interaktion zwischen zwei Individuen, von denen keines seiner subjektiven Persönlichkeit entkleidet werden kann.

Obwohl der Analytiker und sein Patient übereinkommen, ein Problem objektiv anzugehen, ist ihre gesamte Persönlichkeit einbezogen, sobald sie sich auf den Prozess einlassen. An diesem Punkt ist ein Fortschritt nur möglich, wenn eine gegenseitige Verständigung erreicht wird.

Ist es möglich, ein objektives Urteil über das Endergebnis abzugeben? Nur wenn man die Schlussfolgerungen mit den allgemein gültigen Normen in der sozialen Umgebung vergleicht, zu der die Individuen gehören, wobei auch das geistige Gleichgewicht des betreffenden Individuums berücksichtigt wird.

Das Ergebnis kann keine vollständige kollektive Nivellierung des Individuums sein, um es an die „Normen" seiner Gesellschaft anzupassen, da dies einem unnatürlichen Zustand gleichkäme. Eine gesunde und normale Gesellschaft ist eine, in der Menschen gewöhnlich nicht übereinstimmen, weil allgemeine Übereinstimmung außerhalb der Sphäre der instinktiven menschlichen Qualitäten relativ selten ist.

Uneinigkeit funktioniert als Vehikel des geistigen Lebens in der Gesellschaft, ist aber kein Selbstzweck; Übereinstimmung ist ebenso wichtig. Da die Psychologie grundlegend auf ausgeglichenen Gegensätzen beruht, kann kein Urteil als endgültig betrachtet werden, das seine Umkehrbarkeit nicht berücksichtigt.

Obwohl Träume eine individuelle Behandlung erfordern, ist es notwendig, einige Verallgemeinerungen zu treffen, um das Material zu klassifizieren und zu klären, das der Psychologe beim Studium vieler Individuen sammelt. Man kann jede allgemeine Eigenschaft als Grundlage wählen, zum Beispiel zwischen Individuen mit „extravertierten" und „introvertierten" Persönlichkeiten unterscheiden.

Dies ist nur eine von vielen möglichen Verallgemeinerungen, aber sie erlaubt sofort zu beobachten, welche Schwierigkeiten entstehen können, wenn der Analytiker von einem Typ ist und sein Patient vom anderen.

Da jede tiefgehende Traumanalyse zur Konfrontation zweier Individuen führt, wird es einen großen Unterschied machen, ob ihre Einstellungstypen gleich sind oder nicht. Gehören beide zum selben Typ, können sie lange Zeit glücklich segeln. Aber wenn der eine extravertiert und der andere introvertiert ist, können ihre Standpunkte schnell aufeinanderprallen, besonders wenn sie sich ihres eigenen Persönlichkeitstyps nicht bewusst sind oder überzeugt sind, dass ihrer der einzig richtige ist.

Der Extravertierte wird beispielsweise den Mehrheitsstandpunkt wählen, während der Introvertierte ihn einfach ablehnt, weil er gerade in Mode ist. Ein solches Missverständnis ist ziemlich einfach, weil der Wert des einen der Nicht-Wert des anderen ist. Freud selbst interpretierte den introvertierten Typ als ein krankhaft mit sich selbst beschäftigtes Individuum. Jedoch können Selbstbeobachtung und Selbsterkenntnis auch von großem Wert und großer Bedeutung sein.

Bei der Traumanalyse ist es wesentlich, die Persönlichkeitsunterschiede zu berücksichtigen. Man kann nicht annehmen, dass der Analytiker ein Übermensch ist, der über solchen Unterschieden steht. Er könnte sich nur dann als überlegen betrachten, wenn er glaubt, seine Theorie und Technik seien absolute Wahrheiten, fähig, die menschliche Psyche vollständig zu erfassen. Aber diese Annahme ist fragwürdig.

Die Gesamtheit der Persönlichkeit des Analytikers ist das einzig angemessene Äquivalent zu der des Patienten. Erfahrung und psychologisches Wissen sind Vorteile, befreien den Analytiker aber nicht davon, ebenso auf die Probe gestellt zu werden wie den Patienten.

Extraversion und Introversion sind nur zwei von vielen Merkmalen des menschlichen Verhaltens. Jung suchte nach anderen grundlegenden Eigenschaften, um die Variationen der menschlichen Individualität zu ordnen.

Ihm fiel die Anzahl der Menschen auf, die ihren Verstand nicht benutzen, wenn sie es vermeiden können, und jene, die ihn auf dumme Weise benutzen. Er fand auch intelligente Menschen, die ihre Sinne scheinbar nicht benutzten: Sie sahen das Offensichtliche nicht, hörten nicht, was ihnen gesagt wurde, noch nahmen sie ihre Umgebung wahr.

Bei der Beobachtung dieser Menschen bemerkte Jung, dass jene, die dachten, das heißt, ihre intellektuelle Fähigkeit zur Anpassung anwandten, diejenigen waren, die ihren Verstand benutzten. Diejenigen, die nicht dachten, fanden ihren Weg durch ihre Gefühle.

Wenn Jung „Gefühl" im Gegensatz zu „Denken" erwähnt, bezieht er sich auf Werturteile: angenehm oder unangenehm. Gefühl ist wie Denken eine rationale Funktion, während Intuition irrational und der Sinneswahrnehmung näher ist.

Diese vier Funktionstypen sind nur Standpunkte unter vielen anderen zur Orientierung der Erfahrung: Die Empfindung zeigt die Existenz von etwas an, das Denken definiert, was es ist, das Gefühl bestimmt, ob es angenehm ist oder nicht, und die Intuition weist darauf hin, woher es kommt und wohin es geht.

Um die Träume eines anderen zu verstehen, ist es notwendig, die eigenen Präferenzen beiseite zu legen und Vorurteile zu beseitigen. Dieser Prozess ist weder einfach noch bequem, da er eine moralische Anstrengung bedeutet, die nicht alle zu machen bereit sind. Wenn der Analytiker sich nicht bemüht, seinen eigenen Standpunkt zu hinterfragen, wird er nicht die richtigen Informationen über den Verstand des Patienten erhalten.

Es wird erwartet, dass der Patient eine gewisse Bereitschaft hat, die Meinung des Analytikers anzuhören; dem Patienten muss wiederum das gleiche Recht eingeräumt werden. In der Therapie ist es wichtiger, dass der Patient versteht, als dass er die theoretischen Erwartungen des Analytikers erfüllt. Der Widerstand des Patienten gegen Interpretationen ist nicht immer ein Fehler; vielmehr ist er ein klarer Hinweis darauf, dass etwas nicht stimmt.

Beim Versuch, die Traumsymbole einer anderen Person zu interpretieren, stößt man fast immer auf die Schwierigkeit, die eigenen Wahrnehmungen und Gedanken auf den Träumenden zu projizieren. Um diesen Fehler zu überwinden, betonte Jung immer die Bedeutung, den spezifischen Kontext des Traums zu berücksichtigen und jede theoretische Annahme über Träume im Allgemeinen zu verwerfen, außer der Hypothese, dass Träume auf irgendeine Weise einen Sinn haben.

Es können keine allgemeinen Regeln zur Deutung von Träumen aufgestellt werden. Als Jung erwähnte, dass die allgemeine Funktion der Träume darin zu bestehen scheint, Mängel oder Verzerrungen des bewussten Verstandes zu kompensieren, meinte er, dass diese Annahme den vielversprechendsten Ansatz bietet, um bestimmte Träume zu verstehen.

In seinen Schriften erzählt Jung, wie ein Patient eine sehr hohe Meinung von sich selbst hatte und sich der irritierenden Wirkung nicht bewusst war, die seine Haltung moralischer Überlegenheit bei denen auslöste, die ihn kannten. Dieser Patient erzählte ihm von einem Traum, in dem er einen betrunkenen Landstreicher in einem Graben sich wälzen sah, und seine einzige Reaktion war ein herablassender Kommentar: „Es ist schrecklich zu sehen, wie tief ein Mensch sinken kann."

Es war offensichtlich, dass der Traum versuchte, die übertriebene Selbstachtung des Patienten zu kontern. Jedoch enthüllte er auch, dass seine überlegene Haltung etwas kompensierte, das mit seinem Bruder zu tun hatte, der Alkoholiker war. Der Traum zeigte ihm, dass seine arrogante Haltung mit seinem Bruder zusammenhing, sowohl äußerlich als auch innerlich.

In einem anderen Fall hatte eine Frau, die mit ihren Kenntnissen in Psychologie prahlte, wiederkehrende Träume von einer anderen Frau, die sie im wirklichen Leben nicht ausstehen konnte und für eitel und unehrlich hielt. In ihren Träumen erschien diese Frau jedoch freundlich und sympathisch. Dies deutete darauf hin, dass die Patientin Aspekte ihrer eigenen Persönlichkeit auf diese Frau projizierte. Durch die Träume wurde ihr gezeigt, dass sie einen Machtkomplex und verborgene Motivationen hatte, die Konflikte mit ihren Freunden auslösten, obwohl sie immer anderen die Schuld gab.

Es wird nicht nur der „Schatten" der Persönlichkeit ignoriert und unterdrückt, sondern auch die positiven Eigenschaften. Jung erinnert sich an einen scheinbar bescheidenen und zurückhaltenden Mann, der in seinen Träumen auf historische Persönlichkeiten wie Napoleon und Alexander den Großen traf. Diese Träume kompensierten einen Minderwertigkeitskomplex, enthüllten aber auch eine geheime Megalomanie, die ihn von der Realität fernhielt.

Es ist wichtig zu verstehen, dass Träume dazu neigen, analogisch zu sein und nicht der Logik oder der Zeitlichkeit des bewussten Lebens zu folgen. Die Inhalte des Traums werden in einem unterschwelligen Zustand bewahrt, wo Ideen und Bilder weniger klar und kohärent sind.

Die Symbole, die in Träumen auftauchen, sind größtenteils Manifestationen einer Psyche, die außerhalb der Kontrolle des bewussten Verstandes operiert. Ihre Bedeutung und ihr Zweck sind keine Vorrechte des bewussten Verstandes, sondern in der Essenz der lebendigen Natur selbst verwurzelt. Es gibt keinen grundlegenden Unterschied zwischen organischer und psychischer Entwicklung. So wie eine Pflanze ihre Blüten hervorbringt, erzeugt die Psyche ihre eigenen Symbole. Jeder Traum bezeugt diesen Prozess.

Durch Träume beeinflussen die instinktiven Kräfte, zusammen mit anderen Formen der Intuition, die Aktivität des Bewusstseins. Die Richtung dieses Einflusses hängt vom tatsächlichen Inhalt des Unbewussten ab. Wenn das Unbewusste mit Elementen überfüllt ist, die normalerweise bewusst sein sollten, wird seine Funktion verfälscht; es entstehen Motivationen, die nicht auf wahren Instinkten beruhen, sondern ihre Bedeutung aus der Tatsache ableiten, dass sie unterdrückt wurden.

Daher ist es verständlich, dass ein Psychoanalytiker bei der Untersuchung der Ursachen einer psychischen Störung damit beginnt, von seinem Patienten ein Geständnis und die Erforschung all dessen zu erhalten, was dem Patienten missfällt oder was er fürchtet.

Dieser Ansatz ähnelt der alten Praxis der Beichte in der Kirche. In der Praxis kann er jedoch auf Hindernisse stoßen: Überwältigende Minderwertigkeitsgefühle können es dem Patienten erschweren, neue Beweise für seine eigene Unzulänglichkeit zu konfrontieren. Aus diesem Grund ist es oft vorteilhaft, damit zu beginnen, dem Patienten eine positive Perspektive zu bieten, die ihm Sicherheit gibt, wenn er schmerzhaftere Einsichten konfrontiert.

Zum Beispiel, bei der Betrachtung eines Traums von „persönlicher Erhöhung", in dem man sich beim Teetrinken mit der Königin von England sieht: Wenn der Träumende seinen eigenen Wert überschätzt, kann man leicht zeigen, wie unangemessen und kindisch seine Absichten sind. Handelt es sich jedoch um einen Fall von Minderwertigkeit, wo ein Gefühl der Nutzlosigkeit vorherrscht, wäre es völlig kontraproduktiv, ihn noch mehr zu deprimieren, indem man ihm zeigt, wie kindisch seine Aspirationen sind.

Es gibt keine Technik oder therapeutische Doktrin, die universell anwendbar wäre, da jeder Fall einzigartig ist.

Jung erinnert sich an einen Patienten, den er neun Jahre lang behandelte und nur einige Wochen im Jahr sah, weil er im Ausland lebte. Von Anfang an verstand Jung, was sein wahres Problem war, aber er erkannte auch, dass jeder Versuch, sich der Wahrheit zu nähern, eine heftige Abwehrreaktion auslösen würde. Er musste die Verbindung aufrechterhalten und der Neigung des Patienten folgen, die auf seinen Träumen beruhte und die Diskussion von der Wurzel seiner Neurose ablenkte. Oft fühlte sich der Patient so weit von der Wahrheit entfernt, dass er Jung beschuldigte, ihn in die Irre zu führen. Nur die allmähliche Verbesserung seines Zustands hinderte Jung daran, ihn brutal mit der Wahrheit zu konfrontieren.

Nach zehn Jahren erklärte der Patient, dass er geheilt und von allen seinen Symptomen befreit sei. Seine Genesung überraschte Jung, da seine Krankheit theoretisch unheilbar war.

Als er Jungs Erstaunen bemerkte, lächelte der Patient und sagte: „Ich danke Ihnen besonders für Ihr unfehlbares Taktgefühl und Ihre Geduld, mir zu helfen, die schmerzhafte Ursache meiner Neurose zu vermeiden. Jetzt bin ich bereit, über alles zu sprechen. Hätte ich es von Anfang an frei tun können, hätte ich es in unserer ersten Konsultation getan. Aber das hätte unsere Beziehung ruiniert. Wo wäre ich dann gewesen? Ich hätte mich moralisch zerstört gefühlt. Im Laufe von zehn Jahren lernte ich, Ihnen zu vertrauen, und als mein Vertrauen zunahm, verbesserte sich mein Zustand. Ich wurde geheilt, weil dieser allmähliche Prozess mein Vertrauen in mich selbst wiederherstellte. Jetzt bin ich stark genug, um das Problem anzugehen, das mich zerstörte."

Dann machte er ein offenes Geständnis. Der anfängliche Schock war zu überwältigend gewesen, um sich ihm allein zu stellen. Er brauchte die Hilfe eines anderen, und die therapeutische Aufgabe bestand darin, langsam Vertrauen aufzubauen, statt eine klinische Theorie zu beweisen.

Aus solchen Fällen lernte Jung, seine Methoden den individuellen Bedürfnissen des Patienten anzupassen. Sechzig Jahre praktischer Erfahrung lehrten ihn, jeden Fall als einzigartig zu betrachten. Manchmal bedeutete dies, sich in ein minutiöses Studium der Kindheitserfahrungen zu vertiefen; manchmal bedeutete es, vom Höchsten auszugehen, selbst wenn dies entfernte metaphysische Spekulationen mit sich brachte. Alles hing davon ab, die Sprache des Patienten zu lernen und den Hinweisen seines Unbewussten zur Klarheit zu folgen.

In einem früheren Abschnitt schlug Jung vor, dass Träume der Kompensation dienen. Diese Idee impliziert, dass der Traum ein normales psychisches Phänomen ist, das dem Bewusstsein unbewusste Reaktionen oder spontane Impulse übermittelt. Viele Träume können mit Hilfe des Träumenden gedeutet werden, der sowohl die Assoziationen als auch den Kontext des Traumbildes liefert.

Dieser Ansatz ist in gewöhnlichen Fällen wirksam. Wenn es sich jedoch um obsessive oder hochgradig emotionale Träume handelt, reichen die persönlichen Assoziationen des Träumenden oft nicht für eine vollständige Deutung aus.

In solchen Situationen muss eine Tatsache berücksichtigt werden, auf die Freud hingewiesen hat: In Träumen erscheinen oft Elemente, die nicht individuell sind und nicht der persönlichen Erfahrung des Träumenden zugeschrieben werden können. Diese Elemente sind das, was Freud „archaische Reste" nannte, mentale Formen, deren Vorhandensein nicht durch das Leben des Individuums erklärt werden kann und die primitive, angeborene und vererbte Formen des menschlichen Geistes zu sein scheinen.

So wie der menschliche Körper ein Kompendium von Organen darstellt, von denen jedes eine lange evolutionäre Geschichte hat, kann man auch erwarten, eine ähnliche Organisation im Geist zu finden. Der Geist kann nicht mehr ein Produkt ohne Geschichte sein als der Körper, in dem er wohnt. Mit „Geschichte" bezieht man sich nicht nur auf die bewusste Bezugnahme auf die Vergangenheit durch Sprache und andere kulturelle Traditionen, sondern auf die biologische, prähistorische und unbewusste Entwicklung des Geistes im frühen Menschen, dessen Psyche eng mit der des Tieres verbunden war.

Diese uralte Psyche bildet die Grundlage des menschlichen Geistes. So wie der Anatom Spuren des ursprünglichen Musters in menschlichen Körpern findet, kann der erfahrene Erforscher des Geistes die Analogien zwischen den Traumbildern des modernen Menschen und den Produkten des primitiven Geistes erkennen: seine „kollektiven Bilder" und mythologischen Motive.

Der Psychologe kann auf eine „vergleichende Anatomie der Psyche" nicht verzichten. In der Praxis bedeutet dies, dass er nicht nur Erfahrung mit Träumen, sondern auch mit Mythologie in ihrem weitesten Sinne haben muss. Ohne dieses Wissen kann man wichtige Analogien nicht erkennen.

Jungs Ideen über die „archaischen Reste", die er „Archetypen" oder „Urbilder" nennt, waren Gegenstand ständiger Kritik. Oft wird der Begriff „Archetyp" missverstanden und auf bestimmte mythologische Bilder oder Motive bezogen. Diese Darstellungen sind jedoch lediglich das, nämlich Darstellungen; es wäre absurd anzunehmen, dass solche variablen Darstellungen vererbt werden können.

Der Archetyp ist eine Tendenz, Darstellungen eines Motivs zu bilden, Darstellungen, die im Detail stark variieren können, ohne ihr Grundmuster zu verlieren. Es gibt zum Beispiel viele Darstellungen des Motivs der feindlichen Brüder, aber das Motiv selbst bleibt dasselbe.

Kritiker interpretieren dies fälschlicherweise als „vererbte Darstellungen", was dazu führt, die Idee des Archetyps als bloßen Aberglauben abzutun. Sie berücksichtigen nicht, dass, wenn Archetypen Darstellungen wären, die im menschlichen Bewusstsein ihren Ursprung hätten, sie verstanden werden könnten, anstatt Verwirrung und Staunen hervorzurufen, wenn sie erscheinen. Tatsächlich sind sie eine instinktive Tendenz, die so tief verwurzelt ist wie der Impuls der Vögel, Nester zu bauen, oder der Ameisen, organisierte Kolonien zu bilden.

Jung klärt die Beziehung zwischen den Instinkten und den Archetypen: Die Instinkte im eigentlichen Sinne sind physiologische Impulse, die durch die Sinne wahrnehmbar sind. Sie manifestieren sich jedoch auch in Phantasien und offenbaren oft ihre Präsenz nur durch symbolische Bilder. Diese Manifestationen sind die Archetypen. Sie haben keinen bekannten Ursprung und reproduzieren sich zu jeder Zeit oder an jedem Ort der Welt, selbst wenn man sie nicht auf Übertragung durch direkte Abstammung oder auf „Kreuzbestäubung" durch Migration zurückführen kann.

Jung erzählt, dass viele Menschen ihn aufsuchten, weil sie von ihren eigenen Träumen oder denen ihrer Kinder verwirrt waren. Sie verstanden die Begriffe der Träume überhaupt nicht. Der Grund war, dass die Träume Bilder enthielten, die sie mit nichts in Verbindung bringen konnten, woran sie sich erinnerten oder das sie ihren Kindern vermittelt hatten.

Er erinnert sich deutlich an den Fall eines Professors, der eine plötzliche Vision erlebte und glaubte, den Verstand zu verlieren. Er kam in einem Zustand absoluter Panik. Jung nahm ein Buch aus dem Regal, das etwa 400 Jahre alt war, und zeigte ihm einen alten Holzschnitt, der genau seine Vision darstellte. „Es gibt keinen Grund, warum Sie denken sollten, dass Sie verrückt sind", sagte Jung ihm. „Vor 400 Jahren kannte man Ihre Vision bereits." Mit diesen Worten verflog die Stimmung des Professors völlig, und er fühlte sich wieder normal.

Ein weiterer sehr bemerkenswerter Fall war der eines Psychiaters. Eines Tages brachte er ihm eine handgeschriebene Broschüre, die ihm seine zehnjährige Tochter zu Weihnachten geschenkt hatte. Diese Broschüre enthielt eine Reihe von Träumen, die sie mit acht Jahren gehabt hatte. Es waren die sonderbarsten Träume, die Jung je gesehen hatte, und er verstand vollkommen, warum ihr Vater so verwirrt war.

Obwohl sie kindlich waren, enthielten die Träume Bilder, deren Ursprung für den Vater völlig unverständlich war. Im Folgenden die relevanten Motive:

Der erste Traum zeigte „das böse Tier": ein schlangenförmiges Monster mit vielen Hörnern tötet und verschlingt alle anderen Tiere. Doch Gott kommt aus den vier Ecken, wobei er tatsächlich vier verschiedene Götter ist, und lässt alle toten Tiere wiederauferstehen.

Andere Träume beinhalteten: einen Aufstieg in den Himmel, wo heidnische Tänze gefeiert werden, und einen Abstieg in die Hölle, wo Engel gute Werke vollbringen. Eine Horde kleiner Tiere, die die Träumende erschrecken, bis zu gewaltiger Größe anwachsen, und eines von ihnen verschlingt sie. Eine kleine Maus, durchdrungen von Würmern, Schlangen, Fischen und Menschen, die die vier Stufen des Ursprungs der Menschheit darstellen. Ein Wassertropfen unter dem Mikroskop betrachtet, voller Baumzweige, die den Ursprung der Welt darstellen. Eine betrunkene Frau, die ins Wasser fällt und erneuert und nüchtern wieder herauskommt. Eine leuchtende Kugel, die die Träumende berührt; aus ihr strömen Dämpfe, ein Mann kommt und tötet sie. Vögel, die aus ihrer Haut kommen und sie vollständig bedecken. Mückenschwärme, die die Sonne, den Mond und alle Sterne verdecken, außer einem, der auf die Träumende fällt.

Im deutschen Original beginnt jeder Traum mit den Worten des alten Märchens: „Es war einmal..." Die kleine Träumerin fühlt, als ob jeder Traum eine Art Märchen wäre, das sie ihrem Vater als Weihnachtsgeschenk erzählen möchte.

Das Mädchen lebte im Ausland und starb ein Jahr nach dieser Weihnacht an einer Infektionskrankheit.

Ihre Träume haben einen entschieden eigentümlichen Charakter. Ihre Hauptgedanken haben einen ausgeprägten philosophischen Charakter. Der erste spricht von einem bösen Monster, das andere Tiere tötet, aber Gott lässt sie alle durch eine göttliche Apokatastasis, oder Wiederherstellung, wiederauferstehen. In der westlichen Welt ist diese Idee durch die christliche Tradition bekannt: Die frühen griechischen Kirchenväter beharrten auf der Vorstellung, dass am Ende der Zeiten alles durch den Erlöser in seinen ursprünglichen und vollkommenen Zustand zurückversetzt wird.

Neun der zwölf Träume sind vom Thema der Zerstörung und Wiederherstellung beeinflusst. Bemerkenswerterweise zeigt keiner Spuren spezifisch christlicher Bildung oder Einfluss. Im Gegenteil, sie sind enger mit primitiven Mythen verwandt.

Die gleiche Frage kann über die gehörnte Schlange gestellt werden. In der Bibel gibt es viele Tiere mit Hörnern, aber alle scheinen Vierbeiner zu sein. Die gehörnte Schlange erscheint in der lateinischen Alchemie des 16. Jahrhunderts als quadricornutus serpens (vierhörnige Schlange), Symbol des Merkur und Antagonist der christlichen Dreifaltigkeit. Aber dies ist ein obskurer Verweis, und dieses Mädchen hatte keine Möglichkeit, davon zu wissen.

Im zweiten Traum erscheint ein definitiv nicht-christliches Motiv: heidnische Tänze von Männern im Himmel und gute Taten von Engeln in der Hölle. Dieses Symbol deutet auf eine Relativität der moralischen Werte hin. Wo fand das Mädchen eine so revolutionäre Vorstellung, würdig des Genies von Nietzsche?

Was ist die kompensierende Bedeutung dieser Träume, denen das Mädchen so viel Bedeutung beimaß, dass sie sie ihrem Vater zu Weihnachten schenkte?

Wäre die Träumende eine primitive Heilerin gewesen, könnte man annehmen, dass sie Variationen der philosophischen Themen von Tod, Auferstehung, dem Ursprung der Welt, der Erschaffung des Menschen und der Relativität der Werte darstellen. Zweifellos enthalten sie „kollektive Bilder", analog zu den Lehren, die jungen Menschen in primitiven Stämmen vermittelt werden, wenn sie kurz davor stehen, als Erwachsene initiiert zu werden. In diesen Momenten lernen sie, was Gott getan hat, wie die

Welt und der Mensch erschaffen wurden, wie das Ende der Welt kommen wird und die Bedeutung des Todes.

Gibt es in der christlichen Zivilisation einen Anlass, bei dem ähnliche Unterweisungen gegeben werden? Es gibt ihn: in der Adoleszenz. Aber viele Menschen beginnen wieder über solche Dinge nachzudenken im Alter, wenn der Tod naht.

Das Mädchen befand sich in beiden Situationen. Sie näherte sich der Pubertät und gleichzeitig dem Ende ihres Lebens. Wenig oder nichts in der Symbolik ihrer Träume deutet auf den Beginn eines normalen erwachsenen Lebens hin, aber es gibt viele Anspielungen auf Zerstörung und Wiederherstellung.

Als Jung ihre Träume zum ersten Mal las, hatte er das seltsame Gefühl, dass sie eine bevorstehende Katastrophe andeuteten. Diese Träume eröffnen einen neuen und erschreckenden Aspekt von Leben und Tod. Man würde solche Bilder bei einer alternden Person erwarten, die zurückblickt, statt sie von einem Mädchen zu erhalten, das normalerweise nach vorne schauen würde. Ihre Atmosphäre erinnert an das alte römische Sprichwort: „Das Leben ist ein kurzer Traum."

Die Erfahrung zeigt, dass die unbekannte Nähe des Todes einen vorwegnehmenden Schatten über das Leben und die Träume des Opfers wirft. Dies sind die Ideen, die die Träume dem Mädchen vermittelten. Sie waren eine Vorbereitung auf den Tod, ausgedrückt durch kurze Erzählungen, wie die Geschichten, die in primitiven Initiationen oder den Koans des Zen-Buddhismus erzählt wurden.

Es schien, als ob die kommenden Ereignisse ihren Schatten zurückwarfen und bestimmte Denkformen in dem Mädchen erweckten, die die Nähe eines unvermeidlichen Schicksals beschreiben oder begleiten. Obwohl die spezifische Form, in der sie sich manifestieren, persönlich ist, wird ihr allgemeines Muster geteilt. Sie finden sich überall und zu jeder Zeit, ebenso wie tierische Instinkte, die zwischen verschiedenen Arten stark variieren, aber ähnlichen allgemeinen Zwecken dienen.

Es wird nicht angenommen, dass jedes neugeborene Tier seine eigenen Instinkte als individuelle Erwerbung erschafft. Ebenso sollte man nicht annehmen, dass Menschen ihre spezifisch menschlichen Modi mit jeder neuen Geburt erfinden. So wie die Instinkte sind die kollektiven Denkmuster des menschlichen Geistes angeboren und vererbt.

Die emotionalen Ausdrücke, zu denen diese Denkmuster gehören, sind erkennbar auf der ganzen Welt gleich. Sie lassen sich sogar bei Tieren identifizieren, und die Tiere selbst verstehen sich in dieser Hinsicht gegenseitig, selbst wenn sie zu verschiedenen Arten gehören. Was ist mit Insekten zu sagen, mit ihren komplexen symbiotischen Funktionen? Die meisten von ihnen kennen nicht einmal ihre Eltern und haben niemanden, der sie unterrichtet. Warum sollte man annehmen, dass der Mensch das einzige Lebewesen ist, das spezifischer Instinkte entbehrt?

Natürlich, wenn man die Psyche mit dem Bewusstsein gleichsetzt, könnte man auf die irrige Idee verfallen, dass der Mensch mit einer leeren Psyche auf die Welt kommt. Aber die Psyche ist mehr als das Bewusstsein. Tiere haben wenig Bewusstsein, zeigen aber viele Impulse und Reaktionen, die auf die Existenz einer Psyche hindeuten.

Man könnte viele zivilisierte Menschen vergeblich nach der wahren Bedeutung des Weihnachtsbaums oder des Ostereies fragen. Die Tatsache ist, dass sie Dinge tun, ohne zu wissen, warum sie sie tun. Jung nimmt an, dass die Dinge zuerst getan wurden und erst viel später sich jemand fragte, warum sie getan wurden.

Der medizinische Psychologe steht ständig vor intelligenten Patienten, die sich auf eigentümliche und unvorhersehbare Weise verhalten und keine Ahnung haben, was sie sagen oder tun. Plötzlich werden sie von irrationalen Stimmungen erfasst, die sie selbst nicht erklären können.

Oberflächlich scheinen diese Reaktionen zutiefst persönlicher Natur zu sein. In Wirklichkeit basieren sie auf einem vorgeformten und stets bereiten instinktiven System, das für den Menschen charakteristisch ist. Die Denkformen, die allgemein verständlichen Gesten und viele Einstellungen folgen einem Muster, das festgelegt wurde, lange bevor der Mensch ein reflektierendes Bewusstsein entwickelte.

Es ist sogar denkbar, dass die primitiven Ursprünge der menschlichen Fähigkeit zur Reflexion aus den schmerzhaften Konsequenzen heftiger emotionaler Zusammenstöße stammen. Jung nimmt als Beispiel den Buschmann, der in einem Moment von Wut und Enttäuschung darüber, nichts gefangen zu haben, sein einziges Kind, das er so sehr liebt, erwürgt und dann immensen Kummer verspürt, während er die kleine Leiche in seinen Armen hält. Ein solcher Mann könnte sich für immer an diesen Moment des Schmerzes erinnern.

Berühmt ist der Fall des spanischen Edelmanns aus dem 13. Jahrhundert, Raimon Lull, dem es schließlich gelang, die Dame, die er verehrte, bei einem geheimen Rendezvous zu treffen. Sie öffnete schweigend ihr Kleid und zeigte ihm ihre von Krebs zerfressene Brust. Der Schock veränderte Lulls Leben, der schließlich ein bedeutender Theologe und einer der größten Missionare der Kirche wurde.

Im Fall einer so plötzlichen Veränderung kann man oft feststellen, dass ein Archetyp lange Zeit im Unbewussten gearbeitet hat und geschickt die Umstände organisiert hat, die zur Krise führen.

Solche Erfahrungen zeigen, dass archetypische Muster nicht nur statische Muster sind. Sie sind dynamische Faktoren, die sich in Impulsen manifestieren, so spontan wie Instinkte. Bestimmte Träume, Visionen oder Gedanken können plötzlich erscheinen; und so sehr man auch forscht, man kann nicht herausfinden, was sie verursacht. Das bedeutet nicht, dass sie keine Ursache haben; sicherlich haben sie eine. Aber sie ist so entfernt oder obskur, dass man nicht sehen kann, was sie ist.

Im Moment des Traums mag das Ereignis, das ihn erklärt, noch in der Zukunft liegen. Seit langem besteht der Glaube, dass die Hauptfunktion der Träume darin besteht, die Zukunft vorherzusagen. In der Antike und bis ins Mittelalter spielten Träume ihre Rolle in der medizinischen Prognose.

Jung kann das prognostische Element mit einem modernen Traum bestätigen, der parallel zu einem antiken ist, den Artemidoros von Daldis im 2. Jahrhundert n. Chr. zitierte: Ein Mann träumte, dass er seinen Vater in den Flammen eines brennenden Hauses sterben sah. Nicht lange danach starb er selbst an einer Phlegmone (Feuer oder hohes Fieber), von der Jung annimmt, dass es eine Lungenentzündung war.

Es geschah, dass ein Kollege von Jung an einem tödlichen gangränösen Fieber litt. Ein früherer Patient von ihm, der die Natur der Krankheit seines Arztes nicht kannte, träumte, dass dieser in einem großen Feuer starb. Zu jenem Zeitpunkt war der Arzt gerade in ein Krankenhaus eingeliefert worden, und die Krankheit hatte erst begonnen. Der Träumende wusste nur, dass sein Arzt krank war. Drei Wochen später starb der Arzt.

Träume können einen antizipatorischen oder prognostischen Aspekt haben. Oft entsteht ein solcher Traum ohne ersichtlichen Grund, und man fragt sich, was ihn ausgelöst haben könnte. Es scheint, dass das Unbewusste bereits informiert ist und zu einer Schlussfolgerung gelangt ist, die sich im Traum ausdrückt. Das Unbewusste scheint in der Lage zu sein, die Fakten zu prüfen und Schlussfolgerungen zu ziehen, genau wie das Bewusstsein. Es kann sogar bestimmte Tatsachen und ihre möglichen Ergebnisse vorwegnehmen, einfach weil das Bewusstsein sich ihrer nicht bewusst ist.

Das Unbewusste führt seine Überlegungen jedoch instinktiv durch. Diese Unterscheidung ist entscheidend. Die logische Analyse ist Vorrecht des Bewusstseins. Dagegen scheint das Unbewusste hauptsächlich von instinktiven Tendenzen geleitet zu werden, die durch die Archetypen repräsentiert werden.

Ein Arzt beispielsweise, der den Verlauf einer Krankheit beschreibt, verwendet rationale Konzepte wie „Infektion" oder „Fieber". Der Traum hingegen ist poetischer. Er stellt den kranken Körper als das irdische Haus eines Menschen dar und das Fieber als das Feuer, das es zerstört.

Der archetypische Geist hat die Situation auf die gleiche Weise gehandhabt wie zu Zeiten des Artemidoros. Die Archetypen haben ihre eigene Initiative und ihre eigene spezifische Energie. Diese Kräfte ermöglichen es ihnen, sowohl eine bedeutungsvolle Interpretation (in ihrem eigenen symbolischen Stil) zu produzieren als auch in eine gegebene Situation mit ihren eigenen Impulsen einzugreifen. In diesem Sinne funktionieren sie wie Komplexe: Sie kommen und gehen nach ihrem Belieben und behindern oder modifizieren oft die bewussten Absichten auf peinliche Weise.

Man kann die spezifische Energie der Archetypen wahrnehmen, wenn man die eigentümliche Faszination erlebt, die sie begleitet. So wie persönliche Komplexe ihre individuelle Geschichte haben, haben auch soziale Komplexe archetypischen Charakters diese. Aber während persönliche Komplexe nie mehr als eine persönliche Voreingenommenheit hervorbringen, schaffen Archetypen Mythen, Religionen und Philosophien, die ganze Nationen und Epochen der Geschichte beeinflussen und charakterisieren.

Der universelle Heldenmythos zum Beispiel bezieht sich immer auf einen mächtigen Mann oder einen Mann-Gott, der das Böse in Form von Drachen, Schlangen, Monstern und Dämonen besiegt und sein Volk von Zerstörung und Tod befreit. Die Erzählung oder rituelle Wiederholung heiliger Texte und Zeremonien und die Verehrung einer solchen Figur mit Tänzen, Musik, Hymnen, Gebeten und Opfern erfüllt das Publikum mit numinosen Emotionen und erhöht den Einzelnen bis zur Identifikation mit dem Helden.

Versucht man, diese Situation mit den Augen des Gläubigen zu sehen, kann man vielleicht verstehen, wie der gewöhnliche Mensch sich von seiner persönlichen Ohnmacht und seinem Elend befreien und (zumindest vorübergehend) mit einer fast übermenschlichen Qualität ausgestattet werden kann. Oft trägt diese Überzeugung ihn lange Zeit und gibt seinem Leben einen bestimmten Stil. Sie kann sogar den Ton für eine ganze Gesellschaft angeben.

Ein bemerkenswertes Beispiel sind die Mysterien von Eleusis, die die Essenz und den Geist des antiken Griechenlands ausdrückten. Auf einer viel größeren Skala verdankt die christliche Ära selbst ihren Namen und ihre Bedeutung dem uralten Mysterium des Mann-Gottes, das seine Wurzeln im archetypischen Mythos von Osiris-Horus des alten Ägypten hat.

Es wird allgemein angenommen, dass irgendwann in der Vorgeschichte die grundlegenden mythologischen Ideen von einem antiken Philosophen „erfunden" und seitdem von einem leichtgläubigen Volk „geglaubt" wurden. Es wird gesagt, dass die Geschichten, die von einer machtgierigen Priesterschaft erzählt werden, nicht „wahr", sondern bloße „Illusionen" sind.

Aber das Wort „erfinden" selbst stammt vom lateinischen invenire und bedeutet „finden" und daher etwas durch „Suchen" finden. Im letzteren Fall deutet das Wort auf ein gewisses Vorwissen dessen hin, was gefunden werden soll.

Zurück zu den Träumen des Mädchens: Es scheint unwahrscheinlich, dass sie danach gesucht hat, da sie überrascht war, sie zu finden. Vielmehr geschahen sie ihr als eigenartige und unerwartete Geschichten. Indem sie sie jedoch ihrem Vater zu Weihnachten schenkte, erhob sie sie in die Sphäre des christlichen Mysteriums: die Geburt des Herrn, vermischt mit dem Geheimnis des immergrünen Baums, der das neugeborene Licht trägt.

Die Eltern des Mädchens wären in Verlegenheit geraten, wenn man sie gebeten hätte, genau zu erklären, was sie damit meinten, einen Baum mit brennenden Kerzen zu schmücken, um die Geburt Christi zu feiern. „Oh, es ist nur ein Weihnachtsbrauch!", hätten sie gesagt. Eine ernsthafte Antwort würde eine Abhandlung über die antike Symbolik des sterbenden Gottes und seine Beziehung zum Kult der Großen Mutter und ihrem Symbol, dem Baum, erfordern.

Während man die Ursprünge eines „kollektiven Bildes" erforscht, entdeckt man ein scheinbar endloses Netz archetypischer Muster, die niemals Gegenstand bewusster Reflexion waren. Paradoxerweise weiß man heute mehr über mythologische Symbolik als jede frühere Generation. In der Vergangenheit reflektierten die Menschen nicht über ihre Symbole; sie lebten sie und waren unbewusst von ihrer Bedeutung durchdrungen.

Jung veranschaulicht dies mit einer Erfahrung, die er mit den Primitiven am Mount Elgon in Afrika machte. Jeden Morgen bei Sonnenaufgang kamen sie aus ihren Hütten und atmeten oder spuckten in ihre Hände, die sie dann den ersten Strahlen der Sonne entgegenstreckten, als ob sie dem entstehenden Gott ihr Atemhauchen oder ihren Speichel darbringen würden: mungu.

Als Jung sie fragte, was diese Handlung bedeute, waren sie völlig verwirrt. Sie konnten nur sagen: „Wir haben es immer getan. Es wurde immer getan, wenn die Sonne aufgeht." Sie lachten über die Idee, dass die Sonne mungu sei. Tatsächlich ist mungu nicht die Sonne, wenn sie hoch steht; mungu ist der tatsächliche Moment des Sonnenaufgangs.

Was sie taten, war Jung offensichtlich, aber nicht ihnen; sie führten es einfach aus, ohne jemals darüber nachzudenken. Jung kam zu dem Schluss, dass sie mungu ihre Seelen darbrachten, weil Atem und Speichel die „Seelensubstanz" darstellen. Auf etwas zu atmen oder zu spucken überträgt eine „magische" Wirkung, wie als Christus Speichel verwendete, um die Blinden zu heilen.

Es ist sehr unwahrscheinlich, dass diese Afrikaner, selbst in einer fernen Vergangenheit, mehr über die Bedeutung ihrer Zeremonie wussten. Tatsächlich wussten ihre Vorfahren wahrscheinlich noch weniger, weil sie noch tiefer unbewusst ihrer Motive waren.

Wie Goethes Faust sagt: „Im Anfang war die Tat." Die „Taten" wurden nie erfunden, sondern vollzogen; Gedanken sind eine relativ späte Entdeckung des Menschen. Zuerst wurde er von unbewussten Faktoren zur Handlung gedrängt; erst viel später begann er über die Ursachen nachzudenken, die ihn gedrängt hatten.

Die Menschen sollten über die Idee lachen, dass eine Pflanze oder ein Tier sich selbst erfindet; dennoch gibt es viele Menschen, die glauben, dass die Psyche oder der Geist sich selbst erfunden hat. Tatsächlich ist der Geist bis zu seinem heutigen Bewusstseinszustand gewachsen, wie eine Eichel zu einer Eiche wächst oder wie sich Saurier zu Säugetieren entwickelten.

Diese inneren Motive entspringen einer tiefen Quelle, die nicht vom Bewusstsein gemacht ist und nicht unter seiner Kontrolle steht. In der Mythologie früherer Zeiten wurden diese Kräfte mana oder Geister, Dämonen und Götter genannt. Heute sind sie so aktiv wie eh und je. Passen sie zu menschlichen Wünschen, nennt man sie Ahnungen oder glückliche Eingebungen, und die Menschen gratulieren sich, intelligent zu sein. Gehen sie dagegen, spricht man von Pech oder davon, dass bestimmte Leute gegen einen sind, oder dass die Ursache der Missgeschicke pathologisch sein muss.

Das Einzige, was Menschen sich weigern zuzugeben, ist, dass sie von „Mächten" abhängen, die ihrer Kontrolle entgehen.

Es ist wahr, dass der zivilisierte Mensch in jüngster Zeit eine gewisse Willenskraft erworben hat. Er hat gelernt, seine Arbeit effizient zu verrichten, ohne auf Gesänge und Trommeln zurückgreifen zu müssen, um sich in den Zustand des Tuns zu hypnotisieren. Er kann sogar auf das tägliche Gebet um göttliche Hilfe verzichten. Er kann ausführen, was er sich vornimmt, und scheinbar kann er seine Ideen ohne Probleme in Handlung umsetzen.

Das Motto „Wo ein Wille ist, ist auch ein Weg" ist der Aberglaube des modernen Menschen.

Um seinen Glauben aufrechtzuerhalten, zahlt der zeitgenössische Mensch jedoch den Preis eines bemerkenswerten Mangels an Selbstbeobachtung. Er ist blind für die Tatsache, dass er trotz all seiner Rationalität und Effizienz von „Mächten" besessen ist, die seiner Kontrolle entgehen. Seine Götter und Dämonen sind nicht verschwunden, sondern haben ihre Namen geändert.

Sie halten ihn mit Unruhe, vagen Ängsten, psychologischen Komplikationen, einem unstillbaren Bedürfnis nach Pillen, Alkohol, Tabak, Nahrung und vor allem einer großen Vielfalt von Neurosen auf der Flucht.

Was als zivilisiertes Bewusstsein bezeichnet wird, hat sich allmählich von den ursprünglichen Instinkten entfernt. Dennoch sind diese Instinkte nicht verschwunden; sie haben lediglich die Verbindung zum Bewusstsein verloren und manifestieren sich nun indirekt. Dies kann durch körperliche Symptome in Fällen von Neurosen geschehen oder durch verschiedene Zwischenfälle wie unerklärliche Stimmungen, unerwartetes Vergessen oder Versprecher.

Dem Menschen gefällt es, zu glauben, dass er Herr seiner Seele ist. Solange er jedoch seine Stimmungen und Emotionen nicht kontrollieren kann oder sich der zahllosen verdeckten Formen bewusst ist, in denen unbewusste Faktoren seine Dispositionen und Entscheidungen beeinflussen, ist er sicherlich nicht Herr seiner selbst.

Diese unbewussten Faktoren existieren autonom dank der Archetypen. Der moderne Mensch schützt sich vor der Wahrnehmung seines eigenen gespaltenen Zustands durch ein System der Kompartimentierung. Bestimmte Bereiche des äußeren Lebens und seines eigenen Verhaltens werden sozusagen in getrennten Schubladen aufbewahrt, ohne miteinander konfrontiert zu werden.

Ein Beispiel für diese Tendenz zeigt sich im Fall eines Alkoholikers, der unter dem Einfluss einer religiösen Bewegung mit dem Trinken aufhörte und sein Bedürfnis völlig vergaß. Er wurde durch göttliche Intervention als geheilt betrachtet. Nach einigen Wochen jedoch verblasste die anfängliche Begeisterung, und das Verlangen nach Alkohol kehrte zurück. Dieses Mal betrachtete die religiöse Organisation seinen Fall als „pathologisch" und nicht für göttliche Intervention geeignet, sodass er zur medizinischen Behandlung in eine Klinik eingewiesen wurde.

Dieses Beispiel veranschaulicht einen interessanten Aspekt der modernen Mentalität, der ein besorgniserregendes Maß an Dissoziation und psychologischer Verwirrung zeigt.

Wenn man die Menschheit als Individuum begreift, stellt man fest, dass sie von unbewussten Kräften angetrieben funktioniert und dazu neigt, bestimmte Probleme in Abteilungen zu trennen. Diese Tendenz erfordert jedoch Aufmerksamkeit, da die Menschheit Gefahren ausgesetzt ist, die sie selbst geschaffen hat und die außer Kontrolle sind.

Was oft nicht wahrgenommen wird, ist, dass es die eigenen Mängel sind, die unter internationaler Höflichkeit verborgen sind und von der Welt auf unverblümte Weise kritisiert werden. Was man heimlich geduldet hat, wird von außen offensichtlich und schafft neurotische Konflikte. Diese Situation erklärt das Gefühl der Ohnmacht bei vielen Menschen. Sie haben erkannt, dass die Probleme, denen sie gegenüberstehen, größtenteils moralisch sind und dass Ansätze, die auf Waffenanhäufung oder wirtschaftlichem Wettbewerb basieren, nicht wirksam sind.

Die Versuche, diese Probleme anzugehen, waren jedoch ineffektiv, weil es eine Weigerung gibt, die eigenen Schatten anzuerkennen. Könnte man die eigene Dunkelheit konfrontieren, wäre man immun gegen negative Einflüsse. Stattdessen ist man diesen Einflüssen ausgesetzt, indem man sich ähnlich wie die Gegner verhält, obwohl man es nicht sieht oder versteht.

Heutzutage haben viele Menschen den Glauben an Religion verloren, aber wenn sie Leid erfahren, beginnen sie, nach Antworten über den Sinn des Lebens und der menschlichen Erfahrung zu suchen.

Es ist bemerkenswert, dass der Psychologe mehr von Juden und Protestanten aufgesucht wird als von Katholiken. Die katholische Kirche fühlt sich noch für die Sorge um die Seele verantwortlich. In diesem wissenschaftlichen Zeitalter werden jedoch Fragen, die früher Domäne des Theologen waren, nun meist dem Psychiater gestellt.

Es besteht die Überzeugung, dass die Wahrnehmung sehr unterschiedlich wäre, wenn man an eine Form des Lebens mit Zweck oder an die Existenz Gottes und die Unsterblichkeit glauben würde. Die Nähe des Todes ist oft ein mächtiger Katalysator für solche Überlegungen. Im Laufe der Geschichte haben Menschen Vorstellungen von einem Höchsten Wesen und von einem Leben jenseits der Erde konzipiert. Heutzutage denken jedoch viele, sie könnten auf solche Konzepte verzichten.

Da man den Thron Gottes nicht mit einem Radioteleskop im Himmel lokalisieren oder bestätigen kann, dass verstorbene Geliebte in irgendeiner greifbaren Form fortbestehen, neigen die Menschen dazu, solche Ideen als „nicht wahr" zu betrachten. Es wäre genauer zu sagen, dass sie nicht ausreichend „wahr" sind, da es Vorstellungen sind, die die Menschheit seit Urzeiten begleitet haben und die weiterhin im Bewusstsein auftauchen bei jedem Reiz.

Der moderne Mensch mag argumentieren, dass er auf solche Vorstellungen verzichten kann, und auf den Mangel an wissenschaftlichen Beweisen bestehen. Aber da es sich um unsichtbare und unerkennbare Realitäten handelt – da Gott jenseits des menschlichen Verständnisses liegt und Unsterblichkeit nicht bewiesen werden kann –, warum auf Beweise bestehen?

Obwohl man nicht rational versteht, warum Salz in der Ernährung notwendig ist, profitiert die Menschheit dennoch von ihrer Verwendung. Man könnte argumentieren, dass die Verwendung von Salz einfach eine Illusion des Geschmacks ist, aber es trägt dennoch zum Wohlbefinden bei. Warum also sollte man sich Überzeugungen vorenthalten, die in Krisenzeiten nützlich sein und der Existenz Sinn verleihen könnten?

Und woher weiß man, dass diese Ideen nicht wahr sind? Diese Verneinung ist ebenso unmöglich zu „beweisen" wie die Behauptung eines religiösen Glaubens. Man hat völlige Freiheit, die Perspektive zu wählen; in jedem Fall wird es eine willkürliche Wahl sein.

Es gibt jedoch einen soliden empirischen Grund, Gedanken zu pflegen, die niemals bewiesen werden können: Es hat sich gezeigt, dass sie nützlich sind. Der Mensch braucht allgemeine Ideen und Überzeugungen, die seinem Leben Sinn geben und ihm erlauben, seinen Platz im Universum zu finden. Er kann die extremsten Widrigkeiten ertragen, wenn er überzeugt ist, dass sie einen Zweck haben; er bricht zusammen, wenn er akzeptieren muss, dass sein Leben bedeutungslos ist.

Die Funktion religiöser Symbole besteht darin, der menschlichen Existenz einen Sinn zu verleihen.

Die Pueblo-Indianer glauben, dass sie Kinder des Vater Sonne sind, und diese Überzeugung verleiht ihrem Leben eine Perspektive und einen Zweck, der über ihre begrenzte Existenz hinausgeht. Sie bietet ihnen einen weiten Raum, um ihre Persönlichkeit zu entwickeln, und erlaubt ihnen, als vollständige Individuen voll zu leben. Ihre Situation ist unendlich befriedigender als die einer Person der zeitgenössischen Zivilisation, die versteht, dass sie nichts weiter als ein unbedeutendes Wesen ohne klaren inneren Zweck ist.

Ein weiterer Sinn der Existenz ist das, was den Menschen über den bloßen Akt des Überlebens hinaushebt. Fehlt ihm dieser Sinn, ist er verloren und elend.

Wenn der heilige Paulus geglaubt hätte, er sei nur ein umherwandernder Teppichknüpfer, hätte er sicherlich nicht die Wirkung gehabt, die er hatte. Sein wahres und bedeutungsvolles Leben lag in der inneren Überzeugung, dass er der Bote des Herrn war. Obwohl man ihn der Megalomanie beschuldigen könnte, wird diese Ansicht durch das Zeugnis der Geschichte und das Urteil späterer Generationen überschattet. Der Mythos, der ihn umgab, erhob ihn über einen einfachen Handwerker.

Diese Art von Mythos besteht jedoch aus Symbolen, die nicht bewusst geschaffen wurden; sie sind auf natürliche Weise entstanden. Es war nicht der Mann Jesus, der den Mythos des Mann-Gottes erfand; dieser Mythos existierte lange vor seiner Geburt. Er selbst ließ sich von dieser symbolischen Idee mitreißen, die ihn, wie uns die biblische Überlieferung sagt, aus dem engen Leben eines Zimmermanns aus Nazareth herausholte.

Mythen gehen auf den primitiven Erzähler und seine Träume zurück, auf Männer, die von den Erregungen ihrer Fantasien getrieben wurden. Diese Menschen unterschieden sich nicht wesentlich von jenen, die spätere Generationen Dichter oder Philosophen nennen würden. Die primitiven Erzähler kümmerten sich nicht um den Ursprung ihrer Fantasien; erst viel später begannen die Menschen sich zu fragen, woher die Geschichten kamen.

Vor Jahrhunderten jedoch, in dem, was heute das „alte" Griechenland genannt wird, waren die Geister fortgeschritten genug, um anzudeuten, dass die Geschichten über die Götter nicht mehr als archaische und übertriebene Überlieferungen über Könige oder Anführer waren, die längst begraben waren. Man dachte bereits, der Mythos sei zu unwahrscheinlich, um zu bedeuten, was er sagte.

In jüngerer Zeit hat man einen ähnlichen Prozess mit der Symbolik der Träume gesehen. In den frühen Tagen der Psychologie wurde die Bedeutung der Träume erkannt. Doch so wie die alten Griechen zu dem Schluss kamen, ihre Mythen seien irrationale Ausarbeitungen „normaler" Geschichten, schlossen einige Pioniere, dass Träume nicht bedeuteten, was sie zu bedeuten schienen.

Jung drückte seine Meinungsverschiedenheit mit dieser Idee aus. Warum sollten sie etwas anderes bedeuten als ihren Inhalt? Gibt es etwas in der Natur, das anders ist als das, was es ist? Der Traum ist ein normales und natürliches Phänomen und stellt nichts dar, das nicht real ist.

Der Talmud sagt sogar: „Der Traum ist seine eigene Deutung."

Die Verwirrung entsteht, weil der Inhalt des Traums symbolisch ist und daher mehr als eine Bedeutung hat. Symbole weisen in Richtungen, die mit dem bewussten Verstand nicht erfasst werden; daher beziehen sie sich auf etwas Unbewusstes oder zumindest nicht vollständig Bewusstes.

Für den wissenschaftlichen Verstand sind Phänomene wie Symbole problematisch, weil sie nicht auf eine für Intellekt und Logik befriedigende Weise formuliert werden können. Da jedoch viele Menschen sich entschieden haben, Archetypen so zu betrachten, als wären sie Teil eines mechanischen Systems, das man sich einprägen kann, ist es entscheidend darauf zu bestehen, dass sie nicht einfach Namen sind, nicht einmal philosophische Konzepte. Sie sind Teile des Lebens selbst, Bilder, die vollständig mit dem lebenden Individuum durch die Brücke der Emotionen verbunden sind.

Daher ist es unmöglich, eine willkürliche oder universelle Deutung irgendeines Archetyps anzubieten. Er muss entsprechend der gesamten Lebenssituation des spezifischen Individuums erklärt werden, auf das er sich bezieht.

Für einen gläubigen Christen kann das Symbol des Kreuzes nur in seinem christlichen Kontext gedeutet werden, es sei denn, der Traum bietet einen sehr überzeugenden Grund, darüber hinauszuschauen. Man kann jedoch nicht behaupten, dass das Symbol des Kreuzes zu jeder Zeit und unter allen Umständen dieselbe Bedeutung hat. Wäre dem so, würde es seine numinose Qualität, seine Vitalität verlieren und zu einem bloßen Wort werden.

Jene, die die besondere Gefühlsqualität des Archetyps nicht erfassen, enden mit einem Haufen mythologischer Konzepte, die manipuliert werden können, um zu zeigen, dass alles irgendetwas bedeutet oder sogar überhaupt nichts. Alle Leichen der Welt mögen chemisch identisch sein, aber lebende Individuen sind es nicht. Archetypen erwachen nur zum Leben, wenn man geduldig zu verstehen versucht, warum und wie sie für ein lebendiges Individuum Sinn haben.

Die bloße Verwendung von Worten ist wertlos, wenn man ihre Bedeutung nicht versteht. Dies gilt besonders in der Psychologie, wo von Archetypen wie der Anima und dem Animus, dem Weisen, der Großen Mutter und anderen gesprochen wird. Man kann alles Wissen über Heilige, Weise, Propheten und andere fromme Gestalten sowie über alle großen Mütter der Welt haben. Aber wenn dies einfach Bilder sind, deren psychische Energie man nie erfahren hat, wird es so sein, als ob man im Schlaf spricht, ohne wirklich zu wissen, wovon man spricht.

Die Worte werden leer und bedeutungslos sein. Sie gewinnen erst Leben und Bedeutung, wenn man versucht, ihre psychische Energie zu verstehen, das heißt, ihre Beziehung zu einem selbst als lebendigem Individuum. Erst dann wird man beginnen zu verstehen, dass ihre Namen wenig Wert haben, während ihre Verbindung zu einem das Wichtigste ist.

Die symbolproduzierende Funktion in Träumen ist ein Versuch, den ursprünglichen Geist des Menschen zum „fortgeschrittenen" oder differenzierten Bewusstsein zu bringen, wo er nie zuvor war und wo er daher nie Gegenstand einer kritischen Reflexion war.

In vergangenen Zeiten bildete dieser ursprüngliche Geist die gesamte Persönlichkeit des Menschen. Als sich das Bewusstsein entwickelte, verlor sein bewusster Verstand den Kontakt zu einem Teil dieser ursprünglichen psychischen Energie. Und der bewusste Verstand hat diesen ursprünglichen Geist nie gekannt, da er im Prozess der Evolution des differenzierten Bewusstseins verworfen wurde.

Es scheint jedoch, dass das, was man Unbewusstes nennt, primitive Eigenschaften bewahrt hat, die Teil des ursprünglichen Geistes waren. Auf diese Eigenschaften beziehen sich die Symbole der Träume ständig, als ob das Unbewusste versuche, all die alten Dinge zurückzubringen, von denen sich der Geist befreite, als er sich entwickelte: Illusionen, Fantasien, archaische Denkformen, fundamentale Instinkte.

Dies erklärt den Widerstand und sogar die Angst, die Menschen oft erfahren, wenn sie mit unbewussten Angelegenheiten konfrontiert werden. Diese Relikte-Inhalte sind nicht bloß neutral oder gleichgültig. Im Gegenteil, sie sind so aufgeladen, dass sie oft unbequem sind und sogar echte Angst verursachen können. Je mehr sie unterdrückt werden, desto mehr breiten sie sich über die gesamte Persönlichkeit in Form einer Neurose aus.

Es ist diese psychische Energie, die ihnen vitale Bedeutung verleiht. Es ist, als ob ein Mensch, der eine Zeit der Bewusstlosigkeit durchlebt hat, plötzlich erkennt, dass es eine Lücke in seinem Gedächtnis gibt, dass wichtige Ereignisse stattgefunden zu haben scheinen, an die er sich nicht erinnern kann. Aber die Lücken in seiner kindlichen Erinnerung sind nur Symptome eines viel größeren Verlusts: des Verlusts der primitiven Psyche.

So wie die Evolution des embryonalen Körpers ihre Vorgeschichte wiederholt, entwickelt sich auch der Geist durch eine Reihe prähistorischer Stufen. Die Hauptaufgabe der Träume besteht darin, eine Art „Erinnerung" an die prähistorische und kindliche Welt bis zur Ebene der primitivsten Instinkte zu bringen. Solche Erinnerungen können eine bemerkenswert heilende Wirkung haben.

Das Erinnern an Kindheitserinnerungen und die Reproduktion archetypischer Formen psychischen Verhaltens kann einen weiteren Horizont und eine größere Ausdehnung des Bewusstseins schaffen, sofern es gelingt, die verlorenen und wiedergewonnenen Inhalte zu assimilieren und in den bewussten Verstand zu integrieren.

In diesem Teil des sogenannten „Individuationsprozesses" spielt die Deutung der Symbole eine wichtige Rolle. Denn Symbole sind natürliche Versuche, die Gegensätze innerhalb der Psyche zu versöhnen und zu vereinen.

Die bloße Tatsache, die Symbole zu sehen und sie dann beiseite zu lassen, hätte keine solche Wirkung und würde nur den alten neurotischen Zustand wiederherstellen. Aber leider behandeln Menschen, die die Existenz der Archetypen nicht leugnen, sie oft als bloße Worte und vergessen ihre lebendige Realität. Wenn ihre psychische Energie auf diese Weise verbannt wurde, beginnt der Prozess der unbegrenzten Substitution, wo alles alles bedeutet.

Dieser emotionale Wert muss im gesamten intellektuellen Prozess der Traumdeutung berücksichtigt werden. Es ist allzu leicht, diesen Wert zu verlieren, weil Denken und Fühlen so gegensätzlich sind, dass das Denken die Werte des Fühlens fast automatisch verwirft und umgekehrt.

Die Psychologie ist die einzige Wissenschaft, die den Faktor des Wertes berücksichtigen muss, weil er die Verbindung zwischen physischen Ereignissen und dem Leben ist. Oft wird der Psychologie vorgeworfen, nicht wissenschaftlich zu sein, aus diesem Grund, aber ihre Kritiker verstehen die wissenschaftliche und praktische Notwendigkeit nicht, den Gefühlen die gebührende Aufmerksamkeit zu schenken.

In der modernen Ära hat der Mensch eine neue Ordnung hervorgebracht, die über die Natur herrscht und sie mit monströsen Maschinen bevölkert. Diese Schöpfungen sind so offensichtlich nützlich, dass man nicht einmal die Möglichkeit in Betracht zieht, auf sie zu verzichten. Die Menschheit wird getrieben, den abenteuerlichen Wegen ihres wissenschaftlichen und erfinderischen Geistes zu folgen und staunt über die großartigen Leistungen, die sie erreicht.

Paradoxerweise zeigt ihr Genie jedoch eine seltsame Tendenz, immer gefährlichere Dinge zu erfinden und effektivere Mittel für den Massenselbstmord anzubieten.

Angesichts des Wachstums der Weltbevölkerung werden Lösungen gesucht. Die Natur kann jedoch überraschen, indem sie die eigene kreative Fähigkeit der Menschheit gegen sie wendet. Trotz der stolzen Beherrschung der Natur bleibt der Mensch ihr Opfer, da er noch nicht gelernt hat, sein eigenes Wesen zu kontrollieren.

Es gibt keine Gottheiten mehr, die man um Hilfe anflehen könnte. Die großen Religionen der Welt leiden unter einem wachsenden Verfall, denn die Geister, die einst in Wäldern, Flüssen, Bergen und Tieren wohnten, sind geflohen, und die Mann-Götter sind verschwunden, ins Unbewusste versunken. Dort, irrtümlich, denkt man, führen sie eine unehrenhafte Existenz unter den Überresten der Vergangenheit.

Die heutigen Leben werden von der Göttin Vernunft beherrscht, der größten und tragischsten Illusion. Mit ihrer Hilfe glaubt man, die „Natur gemeistert" zu haben.

Dies ist jedoch nicht mehr als ein Schlagwort, da diese angebliche Eroberung mit der natürlichen Tatsache der Überbevölkerung konfrontiert ist und die Probleme aufgrund der psychologischen Unfähigkeit verschärft, die notwendigen Veränderungen umzusetzen. Hat man wirklich die „Natur gemeistert"?

Jede Veränderung muss irgendwo beginnen, und es ist das Individuum, das sie erfahren und durchführen muss. Niemand kann sich leisten, einfach tatenlos zuzuschauen und zu erwarten, dass ein anderer tut, was man selbst sich weigert zu tun. Aber da offenbar niemand weiß, was zu tun ist, wäre es klug, wenn sich jeder fragt, ob sein Unbewusstes Wissen besitzt, das helfen könnte.

Sicherlich scheint der bewusste Verstand unfähig zu sein, nützliche Lösungen anzubieten. Der zeitgenössische Mensch ist schmerzhaft bewusst, dass weder die großen Religionen noch die verschiedenen Philosophien die inspirierenden und kraftvollen Ideen zu liefern scheinen, die die notwendige Sicherheit angesichts der aktuellen Weltlage bieten würden.

Buddhisten würden sagen, dass es gut gehen würde, wenn die Menschen dem „edlen achtfachen Pfad" des Dharma folgen würden. Christen behaupten, dass, wenn die Menschen an Gott glauben würden, die Welt ein besserer Ort wäre. Der Rationalist besteht darauf, dass, wenn die Menschen intelligent und vernünftig wären, alle Probleme handhabbar wären.

Keiner von ihnen kann diese Probleme jedoch allein lösen.

Christen fragen sich oft, warum Gott nicht mehr zu ihnen spricht, wie er es angeblich früher tat. Jung erinnert sich an die Geschichte des Rabbiners, den man fragte, warum Gott sich früher den Menschen zeigte, während ihn heute niemand mehr sieht. Der Rabbi antwortete: „Heutzutage gibt es niemanden mehr, der sich tief genug beugen kann."

Diese Antwort ist aufschlussreich. Der Mensch ist so in seinem subjektiven Bewusstsein gefangen, dass er die uralte Tatsache vergessen hat, dass Gott hauptsächlich durch Träume und Visionen spricht. Der Buddhist verwirft die Welt der unbewussten Fantasien als nutzlose Illusionen; der Christ schiebt seine Kirche und seine Bibel zwischen sich und sein Unbewusstes; und der intellektuelle Rationalist hat noch nicht begriffen, dass sein Bewusstsein nicht seine gesamte Psyche umfasst.

Diese Ignoranz besteht fort, obwohl das Unbewusste seit mehr als siebzig Jahren ein wissenschaftliches Grundkonzept und unverzichtbar für jede ernsthafte psychologische Forschung ist.

Man kann nicht weiterhin die Position von Richtern über Naturphänomene beanspruchen. Die Botanik basiert nicht auf der veralteten Unterscheidung zwischen nützlichen und nutzlosen Pflanzen, noch die Zoologie auf der naiven Unterscheidung zwischen harmlosen und gefährlichen Tieren. Dennoch nimmt man weiterhin selbstgefällig an, dass das Bewusstsein der Sinn und das Unbewusste der Unsinn ist.

Was auch immer das Unbewusste ist, es ist ein Naturphänomen, das Symbole mit Bedeutung produziert. Man kann nicht erwarten, dass jemand, der nie durch ein Mikroskop beobachtet hat, eine Autorität über Mikroben ist; ebenso kann sich niemand, der die natürlichen Symbole nicht ernsthaft studiert hat, als kompetent in dieser Angelegenheit betrachten.

Die weitverbreitete Unterschätzung der menschlichen Seele ist so tiefgreifend, dass weder die großen Religionen noch die Philosophien noch der wissenschaftliche Rationalismus diesem Aspekt die gebührende Aufmerksamkeit gewidmet haben.

Obwohl die katholische Kirche die Existenz von „Gott gesandten Träumen" anerkennt, bemühen sich die meisten ihrer Theologen nicht, Träume zu verstehen. Es ist fraglich, ob es irgendeine protestantische Abhandlung gibt, die die Möglichkeit zugibt, dass die Stimme Gottes in einem Traum wahrgenommen werden kann. Wenn jedoch ein Theologe wirklich an Gott glaubt, mit welcher Autorität legt er nahe, dass Gott unfähig ist, durch Träume zu sprechen?

Jung widmete mehr als ein halbes Jahrhundert der Erforschung natürlicher Symbole und kam zu dem Schluss, dass Träume und ihre Symbole nicht sinnlos oder irrelevant sind. Im Gegenteil, Träume liefern die interessantesten Informationen für jene, die sich die Mühe machen, ihre Symbole zu verstehen.

Es stimmt, dass die Ergebnisse wenig mit weltlichen Sorgen wie Kaufen und Verkaufen zu tun haben. Der Sinn des Lebens beschränkt sich jedoch nicht auf kommerzielle Aktivitäten, und die tiefste Sehnsucht des menschlichen Herzens wird nicht durch ein Bankkonto befriedigt.

In einer Ära, in der alle verfügbare Energie der Erforschung der Natur gewidmet wird, wird der Essenz des menschlichen Wesens sehr wenig Aufmerksamkeit geschenkt: seiner Psyche. Der wahrhaft komplexe und unbekannte Teil des Geistes, aus dem die Symbole entstehen, bleibt jedoch praktisch unerforscht.

Es erscheint fast unglaublich, dass man, obwohl man jede Nacht Botschaften von ihr erhält, die Entschlüsselung dieser Mitteilungen als zu mühsam empfindet. Man denkt wenig über das mächtigste Instrument des Menschen nach, seine Psyche, und häufig wird ihr direkt misstraut und sie verachtet.

„Es ist nur psychologisch" bedeutet allzu oft: „Es ist nichts."

Dieses enorme Vorurteil rührt daher, dass man so beschäftigt damit war, was man denkt, dass man völlig vergessen hat zu fragen, was die unbewusste Psyche denkt. Freuds Ideen bestätigten für die meisten Menschen die bestehende Verachtung der Psyche. Vorher war sie einfach ignoriert und vernachlässigt worden; nun ist sie zu einer Müllhalde moralischen Abfalls geworden.

Diese moderne Sichtweise ist einseitig und ungerecht. Sie stimmt nicht einmal mit den bekannten Tatsachen überein. Das heutige Wissen über das Unbewusste zeigt, dass es ein natürliches Phänomen ist und dass es, wie die Natur selbst, zumindest neutral ist. Es enthält alle Aspekte der menschlichen Natur: hell und dunkel, schön und hässlich, gut und böse, tief und oberflächlich.

Das Studium der Symbolik, sowohl individuell als auch kollektiv, ist eine monumentale Aufgabe, die noch nicht gemeistert wurde. Aber endlich hat man begonnen. Die ersten Ergebnisse sind ermutigend und scheinen eine Antwort auf viele unbeantwortete Fragen der heutigen Menschheit anzudeuten.

TEIL III - Der Individuationsprozess

Das Unbewusste drückt sich symbolisch durch Träume, Visionen und Intuitionen aus, um das Individuum in seiner psychischen Entwicklung zu leiten. Jung war überzeugt, dass das Beachten dieser Botschaften der Seele grundlegend ist, um ein größeres Bewusstsein über sich selbst zu erlangen und die verschiedenen Aspekte der Psyche zu harmonisieren.

In diesem Abschnitt werden wir die verschiedenen Komponenten und Phasen der Individuation erkunden: die Begegnung mit dem Schatten, der Anima und dem Animus, und dem Selbst.

Jung sah diese Archetypen als mächtige Kräfte, die, wenn sie bewusst integriert werden, es ermöglichen, innere Konflikte zu überwinden, das einzigartige Potenzial zu entwickeln und sich mit einem tieferen Sinn für Lebenszweck zu verbinden.

Es ist die innere Reise der Transformation, die Jung Individuation nannte.

Die Anima: Das Weibliche in der Psyche des Mannes

Hinter dem Schatten lauert eine weitere Gestalt. Bist du ein Mann, wird sie weiblich sein. Bist du eine Frau, männlich.

Jung nannte diese inneren Gestalten Anima und Animus. Und sie stellen völlig andere Herausforderungen dar als der Schatten.

Was ist die Anima?

Die Anima ist die Personifikation aller weiblichen psychologischen Tendenzen in der Psyche eines Mannes: die vagen Gefühle, die prophetischen Ahnungen, die Empfänglichkeit für das Irrationale, die Fähigkeit zur persönlichen Liebe, die Sensibilität gegenüber der Natur. Und grundlegend die Beziehung zum Unbewussten.

Es ist kein Zufall, dass in der Antike Priesterinnen waren – wie die griechische Sibylle –, die den göttlichen Willen deuteten und mit den Göttern in Verbindung traten.

Die Schamanen der arktischen Stämme veranschaulichen dies deutlich. Einige kleiden sich in weibliche Gewänder oder stellen Brüste auf ihrer Kleidung dar. Das ist kein Transvestismus: Es ist eine Form, ihre innere weibliche Seite zu manifestieren, jenen Aspekt, der es ihnen ermöglicht, sich mit dem zu verbinden, was Jung das Unbewusste nennen würde.

Die leuchtende Frau

Jung erzählt vom Fall eines jungen Mannes, der von einem älteren Schamanen initiiert wurde. Sie begruben ihn in einer Schneegrube, bis er in einen Zustand zwischen Traum und Erschöpfung fiel. In dieser Trance sah er eine leuchtende Frau.

Sie lehrte ihm alles, was er wissen musste. Seitdem half sie ihm als sein Schutzgeist, seinen schwierigen Beruf auszuüben und verband ihn mit den Mächten des Jenseits.

Dies ist die Anima in ihrer reinsten Form: eine innere Führerin, eine Vermittlerin zu den Tiefen.

Die Mutter formt die Anima

Der individuelle Ausdruck der Anima eines Mannes wird gewöhnlich von seiner Mutter geprägt.

Wenn der Mann das Gefühl hat, dass seine Mutter einen negativen Einfluss ausübte, wird sich seine Anima in reizbaren und depressiven Stimmungen, Unsicherheit, Ungewissheit und Empfindlichkeit manifestieren. In seiner Seele wird eine Stimme ständig wiederholen: „Ich bin nichts. Nichts hat einen Sinn. Bei anderen ist es anders, aber bei mir... ich genieße nichts."

Diese dunklen Stimmungen erzeugen Abstumpfung, Angst vor Krankheit, vor Impotenz, vor Unfällen. Das ganze Leben nimmt einen traurigen und bedrückenden Aspekt an. In extremen Fällen können sie zum Selbstmord führen. Dann wird die Anima zu einem Dämon des Todes.

Die femme fatale

Weibliche Gestalten, die in Gefahr und Verführung gehüllt sind, sind als femme fatale bekannt. Eine mildere Version erscheint in der Königin der Nacht aus Mozarts Zauberflöte. Die griechischen Sirenen und die deutsche Lorelei verkörpern diese gefährliche Facette der Seele: die destruktive Illusion.

Eine sibirische Erzählung veranschaulicht dies:

Ein einsamer Jäger sieht am anderen Flussufer eine Frau von blendender Schönheit. Sie grüßt ihn und singt: „Komm, einsamer Jäger! Ich vermisse dich. Jetzt werde ich dich umarmen. Komm, mein Nest ist nahe."

Gefesselt entkleidet sich der Jäger und schwimmt zu ihr. Doch als er sie fast erreicht hat, verwandelt sie sich in eine Eule und entfernt sich spöttisch. Der Jäger, der versucht zurückzukehren, ertrinkt im eisigen Wasser.

Die Anima kann ein unwirklicher Traum von Liebe, Glück und mütterlicher Geborgenheit sein. Eine Fantasie, die Männer von der Realität ablenkt und sie in ihr Verderben führt.

Das subtile Gift

Ein weiterer negativer Aspekt der Anima manifestiert sich in verletzenden, giftigen und verweichlichten Bemerkungen, die alles entwerten. Billige Verzerrungen der Wahrheit, subtil destruktiv.

Legenden aus aller Welt sprechen von „Giftmädchen", die tödliche Waffen oder Gifte verbergen, um ihre Liebhaber in der ersten gemeinsamen Nacht zu töten.

War die Beziehung zur Mutter zu positiv, ist das Problem anders. Der Mann kann verweichlicht werden, von Frauen dominiert, unfähig, den Herausforderungen des Lebens zu begegnen. Sentimental, verletzlich, in Fantasien verloren, von der Realität abgekoppelt.

Die erotischen Fantasien

Eine häufige Manifestation der Anima sind erotische Fantasien. Sie können zwanghaft werden, wenn der Mann keine gesunden gefühlsmäßigen Beziehungen pflegt noch eine reife Haltung zum Leben entwickelt.

Die Anima kann auf eine bestimmte Frau projiziert werden und eine leidenschaftliche, unbändige Liebe auslösen. Der Mann fühlt eine tiefe Verbindung seit der ersten Begegnung. Frauen von rätselhafter Natur ziehen solche Projektionen besonders an und werden zu Objekten der Fantasie und Verehrung.

Das menschliche Dreieck

Die plötzliche Manifestation der Anima – wie bei einer plötzlichen Romanze – kann eine Ehe tiefgreifend aus dem Gleichgewicht bringen. Der Mann sieht sich dem sogenannten

„menschlichen Dreieck" mit all seinen Komplexitäten gegenüber.

Es gibt nur eine erträgliche Lösung: die Anima als innere Kraft zu erkennen.

Der geheime Zweck des Unbewussten, diese Verstrickung hervorzurufen, besteht darin, den Mann zum Wachstum zu drängen. Mehr Aspekte seiner unbewussten Persönlichkeit zu integrieren. Sie ins bewusste Leben zu bringen.

Die helle Seite der Anima

Aber die Anima ist nicht nur Dunkelheit. Sie hat ebenso mächtige positive Aspekte.

Die Anima hilft einem Mann, die richtige Partnerin zu finden. Sie enthüllt verborgene Tatsachen, die der logische Verstand nicht erkennen kann. Sie richtet den Verstand auf die richtigen inneren Werte aus und öffnet den Weg zu bedeutsameren inneren Tiefen.

Sie ist wie ein inneres Radio, das auf eine bestimmte Frequenz eingestellt ist: Sie schließt das Irrelevante aus und ermöglicht es, die Stimme der Großen Weisheit zu hören.

Indem sie diese Verbindung herstellt, fungiert die Anima als Führerin zur inneren Welt und zum Selbst. Diese Rolle zeigt sich in Beatrice, die Dante durch das Paradies führt, oder in der Göttin Isis, die Apuleius im Traum erscheint, um ihn in ein höheres Leben einzuweihen.

Der Traum des Psychotherapeuten

Jung erzählt vom Traum eines 45-jährigen Psychotherapeuten. In der Nacht zuvor hatte dieser Mann darüber nachgedacht, wie schwierig es war, im Leben allein zu sein, ohne die

Unterstützung einer Kirche. Er beneidete jene, die von der mütterlichen Umarmung einer religiösen Organisation beschützt waren.

Dies war sein Traum:

Er befindet sich in einer alten Kirche voller Menschen. Er sitzt mit seiner Mutter und seiner Frau auf zusätzlichen Sitzen am Ende des Ganges.

Er soll die Messe als Priester zelebrieren, hat aber ein seltsames Buch in den Händen – eine Sammlung von Gebeten oder Gedichten – und findet nicht den richtigen Text. Er fühlt sich ängstlich. Seine Mutter und seine Frau lenken ihn mit trivialen Gesprächen ab.

Die Orgel verstummt. Alle schauen ihn an. Dann bittet er eine hinter ihm kniende Nonne, ihm ihr Messbuch zu reichen. Sie tut dies mit großer Freundlichkeit und führt ihn zum Altar.

Das Buch hat die Form einer quadratischen Tafel, einen Meter mal einen Meter groß, mit alten Texten und Bildern in Spalten. Die Nonne muss einen Teil lesen, bevor er beginnt, findet aber die Stelle nicht. Er hat ihr gesagt, es sei Nummer 15, aber die Zahlen sind nicht deutlich.

Entschlossen wendet er sich der Gemeinde zu und findet die Nummer 15 – die vorletzte auf der Tafel. Er weiß noch nicht, ob er sie entziffern kann, aber er möchte es versuchen. Er erwacht.

Der Traum antwortete auf seine Gedanken der vorangegangenen Nacht: „Du musst Priester deiner eigenen inneren Kirche werden."

Er brauchte keine äußere Kirche. Er hatte eine in seinem eigenen Wesen. Die Menschen im Traum – all seine psychischen Qualitäten – wollten, dass er selbst die Messe zelebrierte.

Die Nonne stellt seine introvertierte Anima dar. Folgt er ihr, wird sie ihn als Dienerin und Priesterin führen. Sie besitzt ein seltsames Messbuch, das aus 16 alten Bildern besteht. Seine Messe besteht darin, diese psychischen Bilder zu betrachten, die seine Anima offenbart.

Die vier Stufen der Anima

Die 4x4-Anordnung der Bilder ist nicht zufällig. Jung zeigte, dass der Kern der Psyche sich in vierfachen Strukturen ausdrückt. Und es gibt vier Stufen in der Entwicklung der Anima:

Erste Stufe: Eva. Rein instinktive und biologische Beziehungen.

Zweite Stufe: Helena. Eine romantische und ästhetische Ebene, noch mit sexuellen Elementen. Wie die Helena in Goethes Faust.

Dritte Stufe: Maria. Die Liebe zur geistigen Hingabe erhoben. Die Jungfrau als Symbol.

Vierte Stufe: Weisheit. Transzendiert selbst das Heiligste und Reinste. Symbolisiert durch die Sapientia oder die Sulamith des Hohenlieds. Die Mona Lisa nähert sich dieser Ebene.

In der psychischen Entwicklung des modernen Mannes wird die vierte Stufe selten erreicht.

Die Anima als Führerin

Was bedeutet die Funktion der Anima als Führerin der inneren Welt?

Sie manifestiert sich positiv, wenn der Mann die Gefühle, Stimmungen, Erwartungen und Fantasien ernst nimmt, die seine Anima ihm mitteilt. Und sie in irgendeiner Form gestaltet: Schreiben, Malen, Bildhauerei, Musik, Tanz.

Indem man geduldig an diesem Prozess arbeitet, taucht unbewusstes Material auf, das sich mit dem vorherigen verbindet. Sobald die Fantasie Form hat, muss man sie intellektuell und ethisch prüfen. Sie als absolut real betrachten, ohne zu zweifeln, dass es „nur eine Fantasie" ist.

Praktiziert man dies über einen längeren Zeitraum hinweg hingebungsvoll, wird der Individuationsprozess allmählich zur einzigen Wirklichkeit.

Das Ewig-Weibliche

Die Literatur ist voll von Beispielen der Anima als Führerin: die Hypnerotomachia von Francesco Colonna, She von Rider Haggard, „das Ewig-Weibliche" in Goethes Faust.

Ein mittelalterlicher mystischer Text beschreibt so eine Anima-Gestalt:

„Ich bin die Blume des Feldes und die Lilie der Täler. Ich bin die Mutter der schönen Liebe und der Furcht, der Erkenntnis und der heiligen Hoffnung. Ich bin die Vermittlerin der Elemente und bringe sie miteinander in Einklang. Das Warme mache ich kalt und umgekehrt. Das Trockene mache ich feucht. Das Harte mache ich weich. Ich bin das Gesetz im Priester, das Wort im Propheten und der Rat im Weisen. Ich kann das Leben oder den Tod geben, und niemand kann meiner Hand entrinnen."

Der Kult der Dame

Während des Mittelalters wurde die phantastische Welt des Unbewussten deutlicher erkannt. Der ritterliche Kult der Dame war ein Versuch, den weiblichen Aspekt der menschlichen Natur zu differenzieren.

Die Dame, der der Ritter diente, war eine Personifikation der Anima. Der Name der Gralsträger in Wolfram von Eschenbachs Version ist bedeutsam: Conduir-amour – „Führerin in Liebesangelegenheiten". Sie lehrte den Helden, seine Gefühle und sein Verhalten gegenüber Frauen zu unterscheiden.

Aber diese individuelle Anstrengung wurde aufgegeben, als der sublime Aspekt der Anima mit der Gestalt der Jungfrau Maria verschmolz. Indem man die Anima als völlig positiv konzipierte, fanden ihre negativen Aspekte Ausdruck im Glauben an Hexen.

Die Anima in anderen Kulturen

In China ist die Parallelfigur zu Maria Kwan-Yin. Beliebter ist die „Mondfrau", die ihren Favoriten die Gabe der Poesie oder Musik gewährt und ihnen sogar Unsterblichkeit schenken kann.

In Indien ist derselbe Archetyp durch Shakti, Parvati und Rati vertreten. Unter den Muslimen durch Fatima, die Tochter Mohammeds.

Die Gefahr der Extreme

Der Kult der Anima als offizielle Gestalt hat einen gravierenden Nachteil: Sie verliert ihre individuellen Aspekte.

Aber sie ausschließlich als persönlich zu betrachten, ist ebenfalls problematisch. Wird sie nur auf die Außenwelt projiziert, kann man sie nur dort finden. Dies erzeugt endlose Probleme: Der Mann wird Opfer seiner erotischen Fantasien oder ist zwanghaft von einer realen Frau abhängig.

Die wesentliche Entscheidung

Nur eine schmerzhafte, aber einfache Entscheidung kann die Stagnation vermeiden: die eigenen Fantasien und Gefühle ernst zu nehmen.

Nur so entdeckt man die wahre Bedeutung der Anima als innere Wirklichkeit. Nur so wird sie wieder das, was sie immer war: die innere Frau, die lebenswichtige Botschaften vom Selbst übermittelt.

Der Animus: Das Männliche in der Psyche der Frau

In der weiblichen Psyche repräsentiert der Animus das unbewusste Männliche. Wie die Anima bei Männern hat er helle und dunkle Aspekte.

Aber er manifestiert sich anders. Der Animus erscheint selten als erotische Fantasie oder Stimmung. Er präsentiert sich als „heilige" verborgene Überzeugung.

Wenn diese Überzeugung mit lauter, beharrlicher und männlicher Stimme ausgedrückt wird – oder anderen durch intensive emotionale Szenen aufgezwungen wird – erkennst du die Präsenz der zugrundeliegenden Männlichkeit in einer Frau. Selbst bei äußerlich sehr weiblichen Frauen kann sich der Animus als harte und unbeugsame Macht manifestieren: Starrsinn, Kälte, Unzugänglichkeit.

Die Stimmen des Animus

Eine der wiederkehrenden Ideen, die der Animus im weiblichen Verstand pflanzt, klingt so:

„Das Einzige, was ich auf der Welt will, ist Liebe... und er liebt mich nicht."

Oder auch:

„In dieser Situation gibt es nur zwei Möglichkeiten... und beide sind gleichermaßen schlecht."

Der Animus lässt selten Ausnahmen zu. Seine Meinungen sind schwer zu widerlegen, weil sie meist allgemein richtig sind. Aber sie passen selten zur individuellen Situation. Sie scheinen vernünftig, sind aber nicht pertinent.

Heathcliff: der dämonische Animus

In Sturmhöhe schuf Emily Brontë Heathcliff: eine finstere Gestalt, die eine negative und dämonische Animus-Figur darstellt. Möglicherweise war er eine Manifestation des eigenen Animus der Autorin.

So wie die Anima bei einem Mann von seiner Mutter geprägt wird, ist der Animus einer Frau hauptsächlich von ihrem Vater geprägt. Der Vater stattet den Animus seiner Tochter mit unbestreitbaren und „wahren" Überzeugungen aus, die die persönliche Realität der Frau, wie sie wirklich ist, nicht einschließen.

Der Todesdämon

Der Animus kann wie die Anima ein Todesdämon sein.

Ein Zigeunermärchen veranschaulicht dies: Eine einsame Frau empfängt einen schönen Fremden, obwohl sie geträumt hatte, er sei der König der Toten. Als sie darauf besteht, dass er seine wahre Identität offenbart, gesteht er, dass er der Tod selbst ist. Sie stirbt vor Schreck.

Der negative Animus erscheint auch als Dieb und Mörder in Mythen und Märchen. Blaubart ermordet seine Frauen heimlich in einer verborgenen Kammer. Diese Form des Animus verkörpert halbbewusste, kalte und destruktive Reflexionen, die eine Frau überfallen – besonders in den frühen Morgenstunden – und sie zu boshaften und intriganten Gedanken führen. Sogar dazu, den Tod anderer zu wünschen.

Besessenheit durch den Animus

Die Besessenheit durch den Animus kann zu destruktiven Haltungen führen: eine seltsame Passivität, emotionale Lähmung, tiefe Unsicherheit.

Erst wenn die Besessenheit verschwindet, erkennt die Frau, dass sie gegen ihre wahren Gedanken und Gefühle gehandelt hat.

Aber es ist wesentlich zu erkennen, dass sich der Animus nicht auf negative Qualitäten beschränkt. Er hat eine positive und wertvolle Seite, die zu Kreativität und Verbindung mit dem Selbst führen kann.

Die Männergruppe

In Träumen wird der Animus oft als Männergruppe dargestellt. Dies symbolisiert seine eher kollektive als persönliche Natur.

Deshalb, wenn der Animus durch Frauen spricht, verwenden diese oft Wörter wie „man", „sie", „alle". Und Ausdrücke wie „immer", „sollte", „niemals".

Der in ein Tier verwandelte Prinz

Zahlreiche Mythen und Märchen erzählen die Geschichte eines Prinzen, der durch Hexerei in ein Tier oder Monster verwandelt wurde und durch die Liebe einer jungen Frau erlöst wird. Dieser Prozess symbolisiert das Bewusstwerden des Animus.

Oft darf die Heldin keine Fragen über ihren geheimnisvollen Ehemann stellen. Wenn sie ihn findet, kann es in der Dunkelheit sein, ohne ihn sehen zu können. Dieser Mangel an Sicht symbolisiert das blinde Vertrauen in den Animus.

Aber dieses Vertrauen wird selten erfüllt. Der Animus bricht gewöhnlich sein Versprechen. Die Heldin kann ihren Geliebten erst nach einer langen und schmerzhaften Suche finden.

Im wirklichen Leben geschieht dasselbe. Die Konfrontation mit dem Problem des Animus erfordert Zeit und Leiden.

Der innere Gefährte

Indem sie erkennt, wer ihr Animus ist, und sich ihm stellt, kann eine Frau ihn in einen wertvollen inneren Gefährten verwandeln. Dann stattet er sie mit männlichen Qualitäten aus: Initiative, Mut, Objektivität, geistige Weisheit.

Wie die Anima durchläuft der Animus vier Entwicklungsstufen:

Erste Stufe: Symbol der physischen Kraft. Ein Athlet, ein muskulöser Mann.

Zweite Stufe: Initiative und Fähigkeit zum geplanten Handeln.

Dritte Stufe: Das „Wort". Oft als Professor oder Geistlicher dargestellt.

Vierte Stufe: Verkörpert den Sinn. Er wird zum Vermittler der religiösen Erfahrung und verleiht geistige Festigkeit und innere Unterstützung.

Die helle Seite des Animus

Der Animus kann sich mit der geistigen Evolution seiner Zeit verbinden. Dies macht Frauen empfänglich für neue kreative Ideen.

Seine positive Seite repräsentiert Unternehmungsgeist, Mut, Wahrhaftigkeit und geistige Tiefe. Er hilft einer Frau, eine intensivierte geistige Haltung zum Leben zu finden.

Um dies zu erreichen, muss die Frau jedoch ihre eigenen Überzeugungen hinterfragen. Offen sein für die Anregungen des Unbewussten, selbst wenn sie den Meinungen des Animus widersprechen.

Das Problem in der Ehe

Die Besessenheit durch den Animus kann eheliche Probleme verursachen. Sie zieht die Konversation auf ein niedriges Niveau herab, schafft eine negative emotionale Atmosphäre.

Aber wenn eine Person das Problem des Animus überwindet, verändert sich das Unbewusste. Eine neue symbolische Form erscheint: das Selbst.

Das Selbst: Das Zentrum der Psyche

In den Träumen einer Frau kann sich das Selbst als übergeordnete weibliche Gestalt personifizieren: eine Priesterin, eine Naturgöttin. Bei einem Mann manifestiert es sich als männlicher Initiator und Hüter.

Die winzige Frau

Eine Eskimogeschichte veranschaulicht die Rolle des Selbst in der weiblichen Psyche:

Eine einsame junge Frau, in der Liebe enttäuscht, begegnet einem Zauberer, der in einem kupfernen Boot segelt: dem „Geist des Mondes". Dieses himmlische Wesen schenkt der Menschheit alle Tiere und bringt Glück bei der Jagd. Er nimmt sie mit sich ins himmlische Reich.

Dort lässt er sie allein. Sie besucht ein nahegelegenes Haus, wo sie eine winzige Frau findet, gekleidet in die Darmmembran einer Bartrobbe.

Die winzige Frau warnt sie vor dem Geist des Mondes: Seine Absichten sind, ihr zu schaden. Sie fertigt ein langes Seil an, damit die junge Frau bei Neumond, wenn die Macht des Geistes schwach ist, zur Erde zurückkehren kann.

Aber die junge Frau öffnet ihre Augen nicht rechtzeitig bei der Rückkehr. Sie verwandelt sich in eine Spinne. Sie kann nie wieder menschlich werden.

Die winzige Frau repräsentiert das Selbst, wie es sich in der weiblichen Psyche manifestiert. Sie beschützt die junge Frau vor dem Eskimo-„Blaubart". Aber in diesem Fall geht es schief.

Jenseits der Zeit

Das Selbst nimmt nicht immer die Gestalt eines weisen Alten an. Es kann etwas ausdrücken, das die Zeit transzendiert, das sowohl Jugend als auch Alter umfasst.

Jung erzählt vom Traum eines Mannes mittleren Alters, in dem das Selbst als junger Mann erscheint:

Ein junger Mann ritt von der Straße aus in seinen Garten. Es war nicht klar, ob er absichtlich gekommen war oder ob das Pferd ihn gegen seinen Willen getragen hatte.

Der Träumende hielt auf dem Weg zu seinem Arbeitszimmer an und beobachtete seine Ankunft mit großem Vergnügen. Der Anblick des jungen Mannes auf seinem schönen Pferd beeindruckte ihn tief.

Das Pferd war klein, wild und kraftvoll, einem Eber ähnlich, mit dickem, silbergrauem Fell. Es symbolisierte Energie.

Der junge Mann ritt zwischen Arbeitszimmer und Haus hindurch, sprang vom Pferd und führte es vorsichtig weg, um das von seiner Frau frisch gepflanzte Blumenbeet nicht zu beschädigen.

Dieser junge Mann repräsentiert das Selbst. Er bringt die Erneuerung des Lebens, kreativen Impuls, neue geistige Orientierung. Er verleiht Vitalität und Unternehmungsgeist.

Wenn ein Mann den Hinweisen seines Unbewussten folgt, kann er diese Gabe empfangen. Plötzlich verwandelt sich ein monotones Leben in ein reiches inneres Abenteuer voller Möglichkeiten.

Das Mädchen, das hilft

In der weiblichen Psychologie kann diese jugendliche Personifikation des Selbst sich als übernatürlich begabtes junges Mädchen manifestieren.

Jung erzählt vom Traum einer vierzigjährigen Frau:

Sie stand vor einer Kirche und wusch das Pflaster mit Wasser. Dann lief sie die Straße hinunter, als die Schüler die Schule verließen. Sie kam zu einem stehenden Fluss mit einem Brett darüber.

Als sie versuchte, ihn zu überqueren, ließ ein frecher Schüler das Brett brechen und brachte sie fast zu Fall ins Wasser. „Idiot!" schrie sie.

Auf der anderen Seite des Flusses spielten drei Mädchen. Eines von ihnen bot ihr Hilfe an. Obwohl sie dachte, ihre Hand wäre nicht stark genug, gelang es ihr – ohne offensichtliche Anstrengung –, sie ans Ufer zu bringen.

Die Gestalt der Schülerin repräsentiert einen früheren Gedanken der Träumenden, ihre geistige Sehnsucht zu befriedigen. Die Hilfe in ihrem Moment der Not. Diese Tat spiegelt die Intervention des Selbst wider: klein, aber mächtig.

Der Kosmische Mensch

Die Gestalt des Selbst in Träumen beschränkt sich nicht auf die menschliche Form. Manchmal manifestiert es sich als gigantisches menschliches Wesen, das den gesamten Kosmos umfasst. Dies deutet auf eine kreative Lösung persönlicher Konflikte hin.

Die Präsenz des Kosmischen Menschen in Mythen und religiösen Lehren überrascht nicht. Er wird gewöhnlich als etwas Wohltätiges dargestellt: Adam, der persische Gayomart, der indische Purusha.

Die alten Chinesen stellten sich vor, dass vor der Schöpfung ein kolossales göttliches Wesen namens P'an Ku existierte, das Himmel und Erde formte. Je nach seiner Stimmung beeinflusste er das Wetter und die Naturphänomene. Nach seinem Tod gab sein Körper den fünf heiligen Bergen Chinas Ursprung. Seine Augen wurden zu Sonne und Mond.

Die totale Einheit

Der Kosmische Mensch repräsentiert Totalität und Vollständigkeit. Deshalb wird er oft als bisexuelles Wesen konzipiert: die Vereinigung psychologischer Gegensätze, des Männlichen und Weiblichen.

Diese Vereinigung erscheint häufig in Träumen als göttliches Paar.

Jung erzählt vom Traum eines 47-jährigen Mannes:

Eine Bärin taucht aus der Dunkelheit auf und schleppt einen dunklen, ovalen Stein zwischen ihren Pfoten. Sie bleibt stehen, schnüffelt am Boden und reibt den Stein, poliert ihn.

Ein Wasserstrudel bildet sich um die Bärin und den Stein. Mitten darin erscheint ein königliches Paar in bunten Gewändern, auf Löwen reitend. Der König trägt eine Krone aus Efeublättern. Die Königin eine goldene Krone.

Primitive Frauen mit nacktem Oberkörper beginnen zu singen. Plötzlich springt der Löwe, und die Königin fällt zu Boden. In diesem Moment stimmen die primitiven Frauen und eine Gruppe sehr zivilisierter Frauen eine Triumphymne an.

Der Träumende erwacht.

Die Bärin stellt eine Art mütterliche Gottheit dar. Der ovale Stein, den sie reibt und poliert, symbolisiert die wahre Essenz des Träumenden. Das Reiben und Polieren von Steinen ist eine uralte Aktivität, die die Formung des inneren Seins symbolisiert.

Der Traum deutet darauf hin, dass sich der Träumende erlauben muss, mit diesem Aspekt des Lebens in Kontakt zu treten. Durch die Spannungen und Herausforderungen des Ehelebens kann sein inneres Sein geformt und poliert werden.

Wenn der Stein vollständig poliert ist, wird er wie ein Spiegel glänzen, der die Bärin reflektiert. Nur indem man die irdischen Aspekte und Leiden des Lebens akzeptiert, kann sich die menschliche Seele in einen Spiegel verwandeln, der die göttlichen Mächte reflektiert.

Die Löwen und das königliche Paar

Die Löwen als königliches Paar symbolisieren die Totalität. In der mittelalterlichen Alchemie wird der „Stein der Weisen" – Symbol der Totalität des menschlichen Wesens – oft als Löwenpaar oder als menschliches Paar auf Löwen reitend dargestellt.

Dies deutet darauf hin, dass der Drang zur Individuation sich oft verschleiert manifestiert, verborgen in der brennenden Leidenschaft, die man für eine andere Person empfinden kann. Die Intensität dieser Art von Liebe weist auf das Mysterium der Vollständigkeit hin. Deshalb fühlt man, dass das Erreichen der Einheit mit der anderen Person der bedeutungsvollste Zweck des Lebens ist.

Wenn sich Löwe und Löwin in König und Königin verwandeln, hat der Drang zur Individuation eine Ebene bewusster

Verwirklichung erreicht. Er kann vom Ego als wahrer Zweck des Lebens verstanden werden.

Der sprechende Hirsch

Eine weitere Darstellung des Selbst stammt aus der „aktiven Imagination" einer Frau, die Jung beschrieb. Die aktive Imagination ist eine Form der Meditation, die es ermöglicht, bewusst mit dem Unbewussten in Kontakt zu treten.

In ihrer Meditation manifestiert sich das Selbst als Hirsch, der ihr sagt:

„Ich bin dein Sohn und deine Mutter. Man nennt mich das 'verbindende Tier', weil ich Menschen, Tiere und sogar Steine miteinander verbinde, wenn ich in sie eintrete. Ich bin dein Schicksal oder das 'objektive Ich'. Wenn ich erscheine, befreie ich dich von den sinnlosen Gefahren des Lebens. Das Feuer, das in mir brennt, brennt in der ganzen Natur. Wenn ein Mensch den Kontakt zu mir verliert, wird er egozentrisch, einsam, desorientiert und schwach."

Das Selbst wird häufig als Tier symbolisiert, das unsere instinktive Natur und ihre Verbindung zur Umgebung repräsentiert. Diese Beziehung des Selbst zur Natur und zum Kosmos leitet sich wahrscheinlich davon ab, dass das „nukleare Atom" unserer Psyche mit der äußeren und inneren Welt verflochten ist.

Der Stein

Das Selbst wird oft als Stein symbolisiert, kostbar oder nicht. In vielen Träumen erscheint der zentrale Kern als Kristall. Die mathematisch präzise Anordnung eines Kristalls erweckt das Gefühl, dass selbst in „toter" Materie ein Prinzip geistiger Ordnung existiert.

Der Kristall symbolisiert die Vereinigung extremer Gegensätze: Materie und Geist.

Viele Menschen fühlen eine Faszination dafür, Steine ungewöhnlicher Farben oder Formen zu sammeln, ohne zu wissen, warum. Es ist, als ob die Steine ein lebendiges Mysterium enthielten, das sie anzieht.

Seit alten Zeiten haben Menschen Steine gesammelt, da sie glaubten, diese enthielten Lebenskraft. Die alten Germanen glaubten, dass die Geister der Toten in ihren Grabsteinen lebten. Der Brauch, Steine auf Gräber zu legen, könnte auf die Idee zurückgehen, dass etwas Ewiges der verstorbenen Person bleibt, am besten durch einen Stein dargestellt.

Das innerste Zentrum des menschlichen Wesens ähnelt auf seltsame Weise einem Stein. Es symbolisiert die einfachste und tiefste Erfahrung: etwas Ewiges, das der Mensch in jenen Momenten fühlen kann, in denen er sich unsterblich und unveränderlich wahrnimmt.

Der Stein der Weisen

Die mittelalterlichen Alchemisten glaubten, dass ihr berühmter „Stein der Weisen" das Geheimnis der Materie oder die Wirkungsweise göttlicher Aktivität enthielt. Aber einige erkannten, dass ihr Stein ein Symbol für etwas war, das nur innerhalb der Psyche gefunden werden kann.

Ein alter arabischer Alchemist, Morienus, sagte:

„Diese Sache wird aus dir extrahiert: Du bist ihr Mineral, und man kann sie in dir finden. Sie nehmen sie von dir. Wenn du dies erkennst, werden die Liebe und Zustimmung des Steins in dir wachsen. Wisset, dass dies ohne Zweifel wahr ist."

Der alchemistische Lapis symbolisiert etwas, das niemals verloren oder aufgelöst werden kann. Etwas Ewiges, das einige Alchemisten mit der mystischen Erfahrung Gottes in der menschlichen Seele verglichen.

Oft ist ein langes Leiden erforderlich, um uns aller oberflächlichen psychischen Elemente zu entledigen, die den Stein verbergen. Aber die meisten Menschen erfahren irgendwann eine tiefe Verbindung zum Selbst.

Aus psychologischer Sicht bedeutet eine genuim religiöse Haltung, sich zu bemühen, diese einzigartige Erfahrung zu entdecken und eine kontinuierliche Verbindung zu ihr aufrechtzuerhalten. Dies macht das Selbst zu einem inneren Gefährten, dem man ständig Aufmerksamkeit widmet.

Synchronizität

Die Tatsache, dass das höchste Symbol des Selbst ein Objekt anorganischer Materie ist, deutet auf einen faszinierenden Forschungsbereich hin: die noch unbekannte Beziehung zwischen dem, was wir unbewusste Psyche nennen, und dem, was wir „Materie" nennen.

Jung schlug ein neues Konzept diesbezüglich vor: die Synchronizität. Sie bezieht sich auf eine „bedeutungsvolle Koinzidenz" äußerer und innerer Ereignisse, die nicht kausal miteinander verbunden, aber durch ihre symbolische Bedeutung verknüpft sind.

Wenn wir diese Art von Koinzidenzen im Leben eines Individuums beobachten, scheint es, als ob ein Archetyp in seinem Unbewussten aktiviert ist und sich sowohl in inneren als auch äußeren Ereignissen manifestiert.

Synchrone Ereignisse begleiten oft die entscheidenden Phasen des Individuationsprozesses. Aber sie bleiben häufig unbemerkt, weil das Individuum nicht gelernt hat, auf solche Koinzidenzen zu achten oder ihre Bedeutung zu interpretieren.

Das einzige verbliebene Abenteuer

In der modernen Gesellschaft erleben immer mehr Menschen eine tiefe Leere und Langeweile. Als ob sie auf etwas warten würden, das niemals kommt. Unterhaltung kann vorübergehende Ablenkung bieten, aber früher oder später finden sie sich erschöpft und desillusioniert wieder, zurückgekehrt in die Wüste ihres eigenen Lebens.

Das einzige wahre Abenteuer, das dem modernen Menschen bleibt, liegt im inneren Reich der unbewussten Psyche.

Viele greifen zu Yoga und anderen östlichen Praktiken. Aber diese liefern keine authentisch neue Erfahrung. Sie nehmen einfach wieder auf, was Hindus oder Chinesen bereits erforscht haben, ohne sich direkt mit ihrem eigenen inneren Lebenszentrum auseinanderzusetzen.

Jung entwickelte eine andere Methode: das innere Zentrum zu erreichen und Kontakt mit dem lebendigen Mysterium des Unbewussten herzustellen, auf unabhängige Weise und ohne äußere Hilfe.

Auf zwei Ebenen leben

Eine konstante Aufmerksamkeit auf die lebendige Wirklichkeit des Selbst aufrechtzuerhalten ist wie auf zwei Ebenen gleichzeitig zu leben. Man führt die äußeren Verpflichtungen fort, bleibt aber wachsam für die Hinweise und Zeichen – sowohl in Träumen als auch in äußeren Ereignissen –, die das Selbst nutzt, um seine Absichten mitzuteilen.

Die alten chinesischen Texte vergleichen diese Erfahrung mit einer Katze, die ein Mauseloch bewacht. Sie raten, den Geist frei von Ablenkungen zu halten, aber ohne übermäßig wachsam oder gelangweilt zu sein. Es gibt eine optimale Wahrnehmungsebene.

Wird dies auf diese Weise praktiziert, wird es mit der Zeit wirksam. Bei Erreichen der Reife erlebt das Individuum ein höchstes Erwachen. Es befreit sich von allen Zweifeln und erreicht großes Glück.

So findet man sich inmitten des Alltags plötzlich in ein aufregendes inneres Abenteuer eingetaucht. Einzigartig für jedes Individuum. Weder nachahmbar noch zu stehlen.

Zwei Bedrohungen des Gleichgewichts

Der Verlust des Kontakts zum regulierenden Zentrum der Seele kann auf zwei Hauptgründe zurückgeführt werden:

Erstens: Eine Einseitigkeit, bei der ein einziger instinktiver Drang oder ein emotionales Bild zum Verlust des Gleichgewichts führt.

Zweitens: Eine übermäßige Konsolidierung des Ego-Bewusstseins, die den Empfang von Impulsen und Botschaften aus dem unbewussten Zentrum blockiert.

Viele Träume zivilisierter Menschen versuchen, diese Empfänglichkeit wiederherzustellen und die Haltung des Egos gegenüber dem inneren Zentrum zu korrigieren.

Das Mandala

In der Mythologie wird die Darstellung des Selbst durch die vier Ecken der Welt betont. Oft wird es mit dem Großen Menschen im Zentrum eines in vier Teile geteilten Kreises visualisiert.

Jung verwendete den hinduistischen Begriff Mandala (magischer Kreis), um diese Struktur zu beschreiben. Es symbolisiert das „nukleare Atom" der menschlichen Psyche, dessen Essenz uns noch unbekannt ist.

Während die Naskapi das innere Zentrum direkt erfahren, ohne Hilfe von Riten oder Doktrinen, nutzen andere Gemeinschaften das Mandala-Motiv, um das verlorene Gleichgewicht wiederherzustellen. Die Navajo-Indianer verwenden in Mandalas strukturierte Sandbilder, um die Harmonie einer kranken Person mit sich selbst und dem Kosmos wiederherzustellen.

In den östlichen Zivilisationen werden ähnliche Bilder verwendet, um das innere Sein zu stärken oder tiefe Meditation zu induzieren. Die Betrachtung eines Mandalas soll inneren Frieden vermitteln und das Gefühl, dass das Leben seinen Sinn und seine Ordnung wiedergefunden hat.

Der Mandala-Traum

Selbst wenn es spontan in Träumen von Menschen erscheint, die nicht von religiösen Traditionen beeinflusst sind, übt das Mandala eine positive Wirkung aus.

Jung beschreibt den Traum einer 62-jährigen Frau als Auftakt zu einer neuen kreativen Phase in ihrem Leben:

Eine in dämmriges Licht getauchte Landschaft offenbart einen Hügel mit einem aufsteigenden Kamm, auf dem sich eine viereckige Scheibe bewegt, die wie Gold glänzt.

Die dunkle, gepflügte Erde beginnt zu sprießen. Ein runder Tisch mit einer grauen Steinplatte erscheint im Vordergrund.

Plötzlich bewegt sich die viereckige Scheibe zum Tisch und verlässt den Hügel ohne ersichtlichen Grund.

Das dämmrige Licht deutet darauf hin, dass die Klarheit des Tagesbewusstseins gedämpft wurde und es der „inneren Natur" ermöglicht, in ihrem eigenen Licht zu erscheinen.

Die viereckige Scheibe – Symbol des Selbst – verwandelt sich von einer intuitiven Idee zum Zentrum der Seelenlandschaft. Diese Veränderung stellt den Beginn eines inneren Wachstums dar, bei dem ein vor langer Zeit gepflanzter Same endlich keimt.

Die Bewegung der Scheibe nach rechts symbolisiert das Bewusstwerden. Schließlich setzt sich die Scheibe auf einen runden Steintisch und findet eine dauerhafte Grundlage.

Während viereckige Formen die bewusste Verwirklichung der inneren Totalität symbolisieren, repräsentieren kreisförmige Formen die natürliche Totalität. Im Traum treffen beide aufeinander: die Annäherung an die bewusste Verwirklichung des Zentrums.

Die Begegnung mit dem Selbst

Wenn sich ein Individuum in seine innere Welt begibt und Selbsterkenntnis sucht – nicht nur seine subjektiven Gedanken und Gefühle erforscht, sondern auch die Manifestationen seiner objektiven Natur wie Träume und echte Fantasien –, begegnet es früher oder später dem Selbst.

In diesem Prozess entdeckt das Ego eine innere Macht, die alle Möglichkeiten der Erneuerung enthält.

Das Licht und die Dunkelheit

Es gibt jedoch eine bedeutende Schwierigkeit. Jede Manifestation des Unbewussten – der Schatten, die Anima, der Animus und das Selbst – hat sowohl helle als auch dunkle Aspekte.

Der Schatten kann ein instinktiver Impuls sein, der überwunden werden muss, aber auch ein Wachstumsmotor, den es zu kultivieren gilt. Anima und Animus können zur vitalen und kreativen Entwicklung der Persönlichkeit beitragen oder zur Versteinerung und, metaphorisch gesprochen, zum Tod führen.

Selbst das Selbst, das das Zentrum der Psyche symbolisiert, besitzt diese Ambivalenz. Das Eskimomärchen veranschaulicht dies: Die „kleine Frau" bietet an, die Heldin zu retten, verwandelt sie aber am Ende in eine Spinne.

Die größte Gefahr

Der dunkle Aspekt des Selbst stellt die größte Gefahr dar aufgrund seiner vorherrschenden Position in der Psyche. Er kann Menschen dazu bringen, megalomanische Fantasien oder andere Wahnvorstellungen zu weben, die sie gefangen nehmen und beherrschen.

Wer in diesen Zustand fällt, kann mit wachsender Inbrunst glauben, ein tiefes Verständnis erreicht und die kosmischen Mysterien gelöst zu haben. Sie verlieren jeden Kontakt zur menschlichen Realität.

Ein klares Zeichen dieses Zustands: der Verlust des Sinns für Humor und menschliche Beziehungen.

Das Bad Bâdgerd

Der doppelte Aspekt des Selbst wird im alten persischen Märchen „Das Geheimnis des Bades Bâdgerd" veranschaulicht:

Ein tapferer Prinz namens Hâtim Tâi erhält den Auftrag, das geheimnisvolle Bad Bâdgerd zu untersuchen. Nach zahlreichen Abenteuern kommt er an den Ort. Ein Barbier führt ihn zu einer Wanne in einem runden Gebäude.

Sobald er drinnen ist, bricht ohrenbetäubender Lärm aus. Alles wird dunkel. Der Barbier verschwindet. Das Wasser beginnt langsam zu steigen.

Hâtim schwimmt verzweifelt, bis das Wasser die Decke erreicht und eine Kuppel bildet. In der Befürchtung, verloren zu sein, betet er und klammert sich an den zentralen Stein. Plötzlich ändert sich alles. Er findet sich allein in einer Wüste.

Nach langem Umherwandern gelangt er zu einem wunderschönen Garten mit einem Kreis von Steinstatuen in seiner Mitte. Mitten unter den Statuen sieht er einen Papagei in einem Käfig.

Eine Stimme sagt ihm von oben: „Oh Held, es ist wahrscheinlich, dass du nicht lebend aus diesem Bad herauskommst. Einst fand Gayomart, der Erste Mensch, einen riesigen Diamanten, der heller strahlte als Sonne und Mond. Er beschloss, ihn in diesem magischen Bad zu verstecken, um ihn zu schützen. Der Papagei, den du siehst, ist Teil der Magie. Zu seinen Füßen liegt ein goldener Bogen und ein Pfeil an einer goldenen Kette. Du kannst dreimal versuchen, auf den Papagei zu schießen. Wenn du ihn triffst, verschwindet der Fluch. Andernfalls wirst du wie die anderen Menschen versteinern."

Hâtim versucht zu schießen. Er verfehlt bei seinen ersten beiden Versuchen. Sein Körper versteinert allmählich.

Bei seinem dritten Versuch schließt er die Augen, ruft „Gott ist groß" und schießt blind. Er trifft den Papagei.

Nach einem Ausbruch von Donner und Staub verschwindet der Papagei. An seiner Stelle erscheint ein riesiger, wunderschöner Diamant. Die Statuen erwachen zum Leben. Das Volk dankt für seine Befreiung.

Der Leser wird die Symbole des Selbst erkennen: Gayomart als der Erste Mensch, das runde Gebäude in Mandala-Form, der zentrale Stein, der Diamant.

Aber dieser Diamant ist von Gefahr umgeben.

Der Papagei der Nachahmung

Der dämonische Papagei repräsentiert den bösen Geist der Nachahmung. Er führt zur psychologischen Versteinerung, wenn man das Ziel nicht trifft.

Der Individuationsprozess schließt jede Nachahmung anderer aus. Im Laufe der Geschichte haben Menschen versucht, das äußere oder rituelle Verhalten ihrer großen religiösen Meister nachzuahmen – Christus, Buddha – und sind infolgedessen „versteinert".

Den Spuren eines großen spirituellen Führers zu folgen bedeutet nicht, seinen Individuationsprozess in unserem eigenen Leben zu kopieren und zu reproduzieren. Es bedeutet, unser Leben mit derselben Aufrichtigkeit und Hingabe zu leben.

Menschlich bleiben

Der Barbier mit dem Spiegel, der verschwindet, symbolisiert den Verlust der Gabe der Reflexion, die Hâtim erlebt, wenn er sie am meisten braucht. Die steigenden Wasser repräsentieren das Risiko, im Unbewussten zu ertrinken und sich in den eigenen Emotionen zu verlieren.

Um die Symbole des Unbewussten zu verstehen, ist es entscheidend, nicht aus sich selbst herauszutreten. Emotional mit sich selbst verbunden zu bleiben. Dass das Ego weiterhin normal funktioniert.

Nur indem man ein gewöhnlicher Mensch bleibt, sich seiner eigenen Unvollkommenheit bewusst, kann man für die bedeutsamen Inhalte des Unbewussten empfänglich sein.

Aber wie erträgt man die Spannung, sich als Teil des Universums zu fühlen und gleichzeitig die eigene begrenzte Menschlichkeit anzuerkennen?

Diese inneren Gegensätze in sich vereint zu halten, ohne in Extreme zu fallen, ist eine der schwierigsten Aufgaben des inneren Weges.

Die soziale Dimension der Individuation

Das exponentielle Wachstum der Bevölkerung – besonders in großen Städten – erzeugt ein Gefühl der Loslösung und Bedeutungslosigkeit. Wir sind Millionen, fühlen uns aber einsam.

Wenn man jedoch den Botschaften des Unbewussten durch Träume Aufmerksamkeit schenkt, verändert sich etwas. Jedes Detail unseres Lebens verbindet sich mit tieferen Wirklichkeiten. Die theoretische Idee, dass alles vom Individuum abhängt, wird zu einer greifbaren Wahrheit.

Manchmal spürt man einen starken Eindruck, dass etwas von einem gefordert wird. Eine höhere Macht, die einem die nötige Kraft gibt, gesellschaftliche Normen herauszufordern und der eigenen Wahrheit zu folgen. Es ist nicht immer leicht. Es ist nicht immer angenehm.

Träume können den bewussten Wünschen widersprechen. Sie können Aufgaben verlangen, die sich von den eigenen Plänen entfernen. Diese Spannung zwischen Ego und Unbewusstem fühlt sich wie eine Last an. Aber sie kann auch zu einem Wachstum führen, das man sonst nie erreichen würde.

Sankt Christophorus und das Kind, das wie die Welt wog

Die Geschichte des heiligen Christophorus veranschaulicht diese Erfahrung.

Christophorus war ein Riese, der auf seine körperliche Kraft stolz war. Er beschloss, nur den Mächtigsten zu dienen. Er suchte den größten König, dann den Teufel, immer unzufrieden.

Eines Tages entdeckte er die Macht des Kruzifixes, und seine Vision veränderte sich. Er fand eine neue Mission: Reisenden zu helfen, einen gefährlichen Fluss zu überqueren.

Eines Nachts bat ihn ein Kind, es auf die andere Seite zu tragen. Christophorus nahm es auf seine Schultern und begann zu waten. Doch mit jedem Schritt wurde das Kind schwerer. In der Mitte des Flusses konnte sich Christophorus kaum noch halten. Er fühlte, als trage er die ganze Welt.

Als er das andere Ufer erreichte, erschöpft, offenbarte ihm das Kind die Wahrheit: Es war Christus selbst. Und das Gewicht, das er gespürt hatte, war das Gewicht der Welt und dessen, der sie erschaffen hatte.

Diese Geschichte erinnert daran, dass Handlungen, die von einer tiefen Verbindung mit dem inneren Sein geleitet werden, zu einem größeren Sinn für Zweck führen können. Die schwerste Last erweist sich als die erlösendste.

Das Jesuskind, in zahllosen Kunstwerken mit der Weltkugel in seinen Händen dargestellt, symbolisiert das Selbst auf eine Weise, die den gewöhnlichen Menschen verwirren kann. Aber es ist genau das, was ihn erlösen kann. Sowohl ein Kind als auch eine Kugel sind universelle Symbole der Totalität.

Die unvermeidliche Weggabelung

Wenn jemand versucht, den Hinweisen des Unbewussten zu folgen, befindet er sich oft an einer unbequemen Weggabelung. Er kann nicht tun, was er möchte. Er kann auch nicht die Erwartungen anderer erfüllen.

Häufig muss er sich von seiner Gruppe distanzieren – Familie, Partner, andere Bindungen –, um sein wahres Selbst zu entdecken.

Manchmal wird argumentiert, dass die Aufmerksamkeit auf das Unbewusste Menschen asozial und egozentrisch macht. Aber das stimmt gewöhnlich nicht. Es gibt einen wenig verstandenen Faktor: den kollektiven, sogar sozialen Aspekt des Selbst.

Das Erreichen psychologischer Reife ist ein persönlicher Weg, der in unserer Zeit zunehmend herausfordernd wird, wenn Individualität durch allgemeinen Konformismus bedroht ist.

Träume und Beziehungen

Aus praktischer Sicht manifestiert sich die Verbindung des Selbst zum Kollektiven darin, dass die eigenen Bestrebungen oft mit den Interaktionen mit anderen zusammenhängen.

Träume können davor warnen, jemandem Bestimmtem nicht zu sehr zu vertrauen. Oder sie können eine angenehme Begegnung mit jemandem enthüllen, den man bewusst nie in Betracht gezogen hatte.

Wenn ein Traum das Bild einer anderen Person präsentiert, gibt es zwei mögliche Interpretationen:

Erste Möglichkeit: Die Gestalt ist eine Projektion. Sie repräsentiert einen inneren Aspekt von einem selbst. Von einem unehrlichen Nachbarn zu träumen kann die eigene Unehrlichkeit symbolisieren. Die Aufgabe der Traumdeutung besteht darin, herauszufinden, welche Bereiche des eigenen Lebens betroffen sind.

Zweite Möglichkeit: Der Traum bietet gültige Information über diese andere Person. Das Unbewusste hat eine Rolle, die wir noch nicht vollständig verstehen.

Das Traumleben ermöglicht es, unterbewusste Wahrnehmungen und ihre Auswirkung auf Menschen zu erahnen. Nach einem angenehmen Traum über jemanden wird man ihm wahrscheinlich mehr Aufmerksamkeit schenken. Sei es aufgrund von Projektionen oder objektiv empfangener Information.

Die wahre Interpretation zu entschlüsseln erfordert Ehrlichkeit, Aufmerksamkeit und Reflexion.

Am Ende ist es das Selbst, das menschliche Beziehungen reguliert – sofern man täuschende Projektionen innerlich erkennt und handhabt. So finden Menschen mit ähnlichen Mentalitäten und Orientierungen zueinander und bilden Gruppen, die über konventionelle soziale Zugehörigkeiten hinausgehen.

Die geheimen Bindungen

Jede Aktivität, die sich ausschließlich auf die Außenwelt beschränkt, beeinträchtigt die geheimen Operationen des Unbewussten.

Durch diese unbewussten Bindungen vereinen sich jene, die dazu bestimmt sind, zusammen zu sein. Aus diesem Grund sind Versuche, Menschen durch Werbung und politische Propaganda zu beeinflussen, destruktiv, selbst wenn sie mit idealistischen Motivationen unternommen werden.

Es ergibt sich dann eine entscheidende Frage: Kann man den unbewussten Teil der menschlichen Psyche beeinflussen?

Die Erfahrung zeigt, dass man die eigenen Träume nicht direkt beeinflussen kann. Obwohl es Menschen gibt, die behaupten, dies zu können, zeigt die Analyse des Inhalts ihrer Träume, dass sie einfach dem folgen, was sie wünschen – wie bei einem gehorsamen Hund.

Nur durch einen langen Prozess der Traumdeutung und Konfrontation mit ihrer Bedeutung kann sich das Unbewusste allmählich verwandeln. Und die bewussten Haltungen müssen sich in diesem Prozess ebenfalls entwickeln.

Die Autonomie des Unbewussten

Wenn jemand versucht, die öffentliche Meinung mit Symbolen zu beeinflussen, können diese die Massen beeindrucken, wenn sie authentisch sind. Man kann aber nicht vorhersehen, ob das kollektive Unbewusste emotional von ihnen angezogen wird.

Dieser Prozess bleibt völlig irrational.

Kein Musikproduzent kann vorhersagen, ob ein Lied ein Hit wird, selbst wenn es auf populären Bildern und Melodien basiert. Bisher hatte kein bewusster Versuch, das Unbewusste zu beeinflussen, bedeutende Ergebnisse.

Sowohl das individuelle als auch das kollektive Unbewusste bewahren ihre Autonomie.

Berlin und Hiroshima in Träumen

Gelegentlich kann das Unbewusste Motive aus der Außenwelt nutzen, um seine Absichten auszudrücken. Dies kann zu Verwirrung darüber führen, ob es von diesen Motiven beeinflusst wurde.

Viele moderne Träume beziehen sich auf Berlin. Die geteilte Stadt symbolisiert einen Punkt psychischer Verletzlichkeit oder Gefahr, wo das Selbst oft erscheint. Sie repräsentiert den inneren Konflikt des Träumenden und die Möglichkeit, innere Gegensätze zu versöhnen.

Es wurden auch zahlreiche Traumreaktionen auf den Film Hiroshima Mon Amour beobachtet. Die Träume drücken das Bedürfnis aus, die inneren Gegensätze zu vereinen, die durch die Liebenden im Film repräsentiert werden, oder warnen vor totaler Dissoziation, symbolisiert durch eine atomare Explosion.

Die Grenzen der Manipulation

Nur wenn die Manipulatoren der öffentlichen Meinung auf kommerziellen Druck oder Gewaltakte zurückgreifen, können sie einen vorübergehenden Erfolg erzielen. Aber dies unterdrückt nur die echten unbewussten Reaktionen.

Letztendlich führt es zu psychologischen Problemen.

Die Versuche, diese unbewussten Reaktionen zu unterdrücken, sind langfristig zum Scheitern verurteilt. Sie gehen gegen die grundlegenden Instinkte.

Die optimale Gruppengröße

Das Studium des Sozialverhaltens bei höheren Tieren deutet darauf hin, dass kleine Gruppen optimal für das Wohlergehen sowohl des Individuums als auch der Gruppe sind.

Auch der Mensch scheint in kleinen sozialen Formationen zu gedeihen. Sein körperliches Wohlbefinden, seine geistige Gesundheit und seine kulturelle Wirksamkeit entwickeln sich am besten in kleinen Gruppen.

Nach dem gegenwärtigen Verständnis des Individuationsprozesses neigt das Selbst dazu, diese kleinen Gruppen zu schaffen. Es stellt emotionale Verbindungen zwischen Individuen her und Gefühle der Verwandtschaft mit allen.

Eine bedingungslose Hingabe an den Individuationsprozess fördert die bestmögliche soziale Anpassung.

Das bedeutet nicht, dass es keine Meinungskonflikte oder Meinungsverschiedenheiten über den einzuschlagenden Weg gibt. Angesichts dieser Herausforderungen ist es wichtig, auf die innere Stimme zu hören, um einen Standpunkt zu finden, der den Zweck des Seins widerspiegelt.

Der Traum vom lebendigen Museum

Fanatische politische Aktivität scheint mit dem Individuationsprozess unvereinbar zu sein.

Jung erzählt vom Traum eines Mannes, der sich der Befreiung seines Landes von fremder Besatzung widmete:

Er steigt mit einigen Landsleuten eine Treppe zum Dachboden eines Museums hinauf. Sie finden einen schwarz gestrichenen Raum, der an eine Schiffskabine erinnert.

Sie werden von einer distinguiert aussehenden Dame empfangen, angeblich die Tochter eines berühmten Nationalhelden des Landes des Träumenden – obwohl der historische Held in Wirklichkeit keine Nachkommen hatte.

Im Raum betrachten sie Porträts zweier aristokratischer Damen in floralen Brokatkleidern. Während die Dame ihnen die Bilder erklärt, werden diese lebendig: Zuerst beleben sich die Augen, dann scheinen sie zu atmen.

Die Leute sind überrascht und begeben sich in einen Konferenzsaal, wo die Dame das Phänomen diskutiert. Sie schreibt das Leben der Porträts ihrer Intuition und ihren Gefühlen zu. Einige empören sich und beschuldigen sie der Verrücktheit.

Die Anima-Gestalt – repräsentiert durch die Dame – ist eine ausschließliche Schöpfung des Traums. Aber ihr Name ist mit einem Nationalhelden verbunden.

Das Unbewusste des Träumenden warnt vor etwas Wichtigem: Die Befreiung des Landes darf nicht länger in äußeren Handlungen gesucht werden. Jetzt wird sie durch die Seele erreicht, indem man den Bildern des Unbewussten Leben gibt.

Der Dachbodensaal, der an eine schwarz gestrichene Schiffskabine erinnert, hat große symbolische Bedeutung. Die schwarze Farbe evoziert Dunkelheit, Nacht, Selbstbeobachtung. Die Kabine deutet auf einen Zufluchtsort innerhalb des Museums hin, das wiederum als Schiff interpretiert werden kann.

In Zeiten von Chaos und Barbarei kann das Museum-Schiff voller lebendiger Bilder eine rettende Arche sein. Es trägt jene, die es betreten, zu einem neuen geistigen Ufer.

Porträts in einem Museum sind gewöhnlich Überreste der Vergangenheit. Aber in diesem Traum erwachen sie zum Leben, wenn die Anima sie mit Intuition und Gefühl betrachtet. Die Empörten repräsentieren den Widerstand des Träumenden, zu akzeptieren, dass psychische Bilder lebendig werden.

Der Traum deutet darauf hin, dass in der gegenwärtigen Ära die wahre Befreiung mit einer psychologischen Transformation beginnt. Einen inneren Sinn im Leben zu finden ist wesentlich für individuelle Freiheit.

Der stille Einfluss

Die Versuche, die öffentliche Meinung durch Massenmedien zu beeinflussen, spiegeln sowohl kollektive Tendenzen als auch die unbewussten Vorurteile und Komplexe derer wider, die sie manipulieren.

Aber individuelle Individuationsbemühungen können eine positive Wirkung auf andere haben, selbst ohne die Absicht zu beeinflussen.

Die meisten religiösen Traditionen enthalten Bilder, die den Individuationsprozess symbolisieren: Christus im Christentum, Krishna und Buddha im Osten. Diese Gestalten repräsentieren die innere Suche nach geistiger Verwirklichung und Befreiung.

Religiöse Träume

Für Menschen, die einer Religion mit Überzeugung folgen, erfolgt die psychologische Regulierung ihres Lebens oft durch religiöse Symbole. Auch ihre Träume spiegeln diesen Einfluss wider.

Als Papst Pius XII. die Aufnahme Mariens in den Himmel verkündete, träumte eine katholische Frau, dass sie Priesterin war. Ihr Unbewusstes weitete das religiöse Dogma aus und integrierte neue Ideen über die Rolle der Frauen in der Kirche.

Ein anderer Fall: Eine katholische Frau, die Zweifel an bestimmten Aspekten ihres Glaubens hatte, träumte vom Abriss und Wiederaufbau ihrer örtlichen Kirche. Der Traum zeigte ein Bedürfnis nach Erneuerung in ihrer Religion, während die grundlegenden Symbole intakt blieben – die göttliche Präsenz, die Gestalt der Jungfrau Maria.

Diese Träume enthüllen das tiefe Interesse des Unbewussten an den bewussten religiösen Vorstellungen jedes Individuums.

Das vierte Element

Gibt es eine allgemeine Tendenz in zeitgenössischen religiösen Träumen?

In der modernen christlichen Kultur – protestantisch oder katholisch – wurde eine unbewusste Tendenz beobachtet, die göttliche Dreieinigkeit mit einem vierten Element zu vervollständigen. Oft weiblicher, dunkler oder sogar bösartiger Natur.

Dieses vierte Element, historisch mit Materie und dem Teufel verbunden, scheint sich nun mit dem göttlichen Bild vereinen zu wollen. Ein Versuch, die Polaritäten von Licht und Dunkelheit in der Konzeption des Göttlichen auszugleichen.

Die zwei Zwecke des Mandalas

Laut einem tibetischen Abt hat die Symbolik des Mandalas zwei wichtige Aspekte:

Erstens: Es dient dazu, eine zuvor existierende Ordnung in Momenten psychologischen Ungleichgewichts wiederherzustellen oder wenn man einen neuen Gedanken darstellen muss, der noch nicht in der etablierten Doktrin enthalten ist.

Zweitens: Es dient dem kreativen Zweck, etwas Neues und Einzigartiges auszudrücken.

Diese zwei Aspekte widersprechen sich nicht. Die Wiederherstellung der alten Ordnung beinhaltet oft die Einführung neuer und kreativer Elemente und hebt das Muster in einem spiralförmigen evolutionären Prozess auf eine höhere Ebene.

Der Mantel Gottes und der Flügel des Teufels

Eine einfache Frau, in einer protestantischen Umgebung erzogen, malte ein Mandala in Spiralform.

In einem Traum erhielt sie den Auftrag, die Gottheit zu malen. Dann sah sie dieses Bild in einem Buch. Sie sah nur den wehenden Mantel Gottes, der ein wunderschönes Spiel von Licht und Schatten bildete, im Kontrast zur Stabilität der Spirale in einem tiefblauen Himmel.

Fasziniert vom Mantel und der Spirale, schenkte sie einer anderen Gestalt in den Felsen keine Aufmerksamkeit. Beim Erwachen erkannte sie, dass es „Gott selbst" war. Dies ließ sie für lange Zeit zutiefst erschüttert zurück.

In der christlichen Kunst wird der Heilige Geist gewöhnlich als brennendes Rad oder Taube dargestellt. Aber hier erscheint er als Spirale – eine neue Idee, die spontan aus dem Unbewussten entsteht. Diese symbolische Darstellung deutet auf eine Kraft in der Entwicklung des religiösen Verständnisses hin.

Dieselbe Frau malte ein anderes Bild, inspiriert von einem Traum. Es zeigte die Träumende mit ihrem positiven Animus über Jerusalem stehend, während Satans Flügel herabkam, um die Stadt zu verdunkeln.

Der satanische Flügel erinnerte an den Mantel Gottes, der im ersten Bild wehte. Aber in diesem Traum befand sich die Betrachterin oben und sah eine schreckliche Spalte zwischen den Felsen.

Im zweiten Bild sieht man dasselbe von unten, aus menschlicher Perspektive.

Aus einer höheren Perspektive ist das, was sich bewegt und ausbreitet, ein Teil Gottes, wobei sich die Spirale als Symbol einer möglichen zukünftigen Entwicklung erhebt. Aber von der Basis der menschlichen Realität aus ist dasselbe Ding in der Luft der dunkle und beunruhigende Flügel des Teufels.

Diese Bilder haben eine Bedeutung, die über das Persönliche hinausgeht. Sie können den Abstieg einer göttlichen Dunkelheit über die christliche Hemisphäre prophezeien und auf die Möglichkeit einer zukünftigen Evolution hinweisen.

Die zukünftige Evolution führt nicht zu größerer geistiger Höhe noch zum Reich der Materie, sondern zu einer anderen Dimension. Möglicherweise zum Unbewussten.

Widerstand und Offenheit

Wenn aus dem Unbewussten eines Individuums religiöse Symbole auftauchen, die von den bekannten verschieden sind, befürchtet man oft, dass sie die offiziell anerkannten religiösen Symbole verändern oder verringern.

Dieser Widerstand kann überwunden werden, wenn Bewusstsein und Unbewusstes in relativer Harmonie sind. Dann werden die neuen psychologischen Entdeckungen in die Gesamtschau integriert, ohne Angst, den Glauben zu verlieren.

Drei Arten von Menschen

Es gibt eine zweite Art von Menschen: jene, die den Glauben vollständig verloren und ihn durch rein bewusste und rationale Ansichten ersetzt haben. Für sie bedeutet Tiefenpsychologie einfach, neu entdeckte Bereiche des Geistes zu erkunden. Sie sollten keine Probleme haben, sich auf dieses neue Abenteuer einzulassen und ihre Träume zu untersuchen.

Dann gibt es eine dritte Gruppe: Menschen, die in einem Teil von sich selbst – wahrscheinlich im Verstand – nicht mehr an ihre religiösen Traditionen glauben, während sie in einem anderen Teil diese Überzeugung noch bewahren.

Voltaire ist ein Beispiel. Er griff die katholische Kirche vehement mit rationalen Argumenten an. Aber einigen Berichten zufolge bat er auf seinem Sterbebett um die letzte Ölung. Ob dies wahr ist oder nicht, sein Verstand war nicht mehr religiös, obwohl seine Gefühle und Emotionen orthodox zu bleiben schienen.

Diese Menschen sind wie jemand, der in einer Drehtür feststeckt. Sie können nicht in den freien Raum hinaus noch ins Innere zurück. Oft fällt es ihnen schwer, sich ans Unbewusste zu wenden, weil sie ihre eigenen Gedanken und Wünsche nicht verstehen.

Das Unbewusste ernst zu nehmen erfordert letztlich Mut und persönliche Integrität.

Der Ursprung der Rituale

Die komplexe Situation derjenigen, die zwischen zwei geistigen Zuständen feststecken, liegt zum Teil daran, dass alle offiziellen religiösen Lehren dem kollektiven Bewusstsein angehören. Aber irgendwann entstanden sie aus dem Unbewussten.

Dies ist ein Punkt, den viele Religionshistoriker und Theologen in Frage stellen. Sie ziehen es vor anzunehmen, dass es irgendeine Form von „Offenbarung" gab. Jung suchte jahrelang nach konkreten Beweisen für seine Hypothese, aber es war schwierig, sie zu finden. Die meisten Rituale sind so alt, dass ihr Ursprung nicht zurückverfolgt werden kann.

Es gibt jedoch ein wichtiges Beispiel.

Die Vision von Black Elk

Black Elk, ein Heiler der Oglala-Sioux, erzählt in seiner Autobiografie, dass er mit neun Jahren schwer erkrankte. Während einer Art Koma hatte er eine eindrucksvolle Vision.

Er sah vier Gruppen wunderschöner Pferde, die von den vier Ecken der Welt kamen. Dann sah er, in einer Wolke sitzend, die Sechs Großväter – die Ahnengeister seines Stammes. Sie gaben ihm sechs Heilungssymbole für sein Volk und zeigten ihm neue Lebensformen.

Aber als er 16 Jahre alt war, entwickelte er eine schreckliche Phobie, wann immer sich ein Gewittersturm näherte. Er hörte „Donnerwesen", die ihn baten, „sich zu beeilen". Sie erinnerten ihn an das Dröhnen der Pferde, die sich in seiner Vision näherten.

Ein alter Heiler erklärte ihm, dass seine Angst daher rührte, dass er die Vision für sich behielt. Er sagte ihm, er müsse sie mit seinem Stamm teilen.

So tat er es. Später stellten er und sein Volk die Vision in einem Ritual dar, bei dem echte Pferde verwendet wurden.

Nicht nur Black Elk, sondern viele andere Mitglieder seines Stammes fühlten sich nach dieser Darstellung unendlich besser. Einige wurden sogar von ihren Krankheiten geheilt.

Black Elk sagte: „Selbst die Pferde schienen nach dem Tanz gesünder und glücklicher zu sein."

Das Ritual wurde nicht wiederholt, weil der Stamm kurz darauf zerstört wurde.

Das Adlerfest

Es gibt jedoch Fälle, in denen ein Ritual noch fortbesteht.

Mehrere Eskimostämme, die in der Nähe des Colville-Flusses in Alaska leben, erklären den Ursprung ihres Adlerfestes so:

Ein junger Jäger tötete einen sehr einzigartigen Adler. Er war so beeindruckt von der Schönheit des toten Vogels, dass er ihn ausstopfte und zu einem Fetisch machte und ihn mit Opfern ehrte.

Eines Tages, als er weit entfernt auf der Jagd war, erschienen plötzlich zwei Tiermenschen als Boten. Sie führten ihn ins Land der Adler. Dort hörte er ein dunkles Trommeln. Die Boten erklärten ihm, es sei der Herzschlag der Mutter des getöteten Adlers.

Dann erschien ihm der Geist des Adlers in Form einer schwarz gekleideten Frau. Sie bat ihn, ein Adlerfest unter seinem Volk zu initiieren, um ihren toten Sohn zu ehren. Das Adlervolk lehrte ihn, wie man es macht.

Plötzlich fand er sich erschöpft wieder an dem Ort, wo er die Boten getroffen hatte. Bei seiner Rückkehr nach Hause lehrte er sein Volk, wie man das große Adlerfest feiert.

Sie tun es seither treu.

Vom Unbewussten zur Tradition

Aus diesen Beispielen können wir beobachten, wie ein Ritual oder ein religiöser Brauch direkt aus einer unbewussten Offenbarung entstehen kann, die ein Individuum erlebt.

Während sich diese Praktiken entwickeln und innerhalb kultureller Gruppen weitergegeben werden, üben sie großen Einfluss auf das Leben der gesamten Gesellschaft aus.

Aber während dieses Evolutionsprozesses verwässert sich das ursprüngliche Wissen. Viele Menschen haben kein persönliches Verständnis mehr der ursprünglichen Erfahrung. Sie können nur daran glauben durch das, was ihnen ihre Älteren und Lehrer erzählt haben.

Sie verlieren die Verbindung zur Realität dieser Ereignisse. Sie wissen nicht, wie es sich anfühlt, diese Erfahrung zu leben.

Der Widerstand der Traditionen

In ihrer gegenwärtigen Form widersetzen sich diese religiösen Traditionen – sehr ausgearbeitet und gealtert – oft kreativen Veränderungen, die aus dem Unbewussten kommen.

Einige Theologen verteidigen sogar diese religiösen Symbole und Lehren als „wahr" und widersetzen sich der Entdeckung einer religiösen Funktion im Unbewussten. Sie vergessen, dass die Werte, die sie verteidigen, ihre Existenz eben dieser Funktion verdanken.

Ohne die Beteiligung der menschlichen Psyche am Empfang und an der Interpretation göttlicher Inspirationen kann kein religiöses Symbol Teil unserer menschlichen Realität werden.

Wenn jemand argumentiert, dass es eine religiöse Realität unabhängig von der menschlichen Psyche gibt, könnten wir fragen: „Wer behauptet das, wenn nicht eine menschliche Psyche?"

So sehr wir auch behaupten mögen, wir können der Existenz der Psyche nicht entkommen. Wir sind in ihr enthalten. Sie ist das einzige Medium, durch das wir Wirklichkeit verstehen können.

Das Ende zweier Illusionen

Die moderne Entdeckung des Unbewussten schließt endgültig die Illusion, dass der Mensch die geistige Wirklichkeit an sich erkennen kann.

In der modernen Physik schließt Heisenbergs Unschärferelation auch die Illusion, eine absolute physische Wirklichkeit zu verstehen.

Die Entdeckung des Unbewussten eröffnet jedoch ein weites und neues Feld von Möglichkeiten. Objektive wissenschaftliche Forschung verbindet sich auf einzigartige Weise mit dem persönlichen ethischen Abenteuer.

Die Grenzen der Sprache

Es ist praktisch unmöglich, die gesamte Wirklichkeit der Erfahrung in diesem neuen Feld zu vermitteln. Viele Erfahrungen sind einzigartig und können nur teilweise durch Sprache kommuniziert werden.

Auch hier schließt sich die Illusion, eine andere Person vollständig zu verstehen und ihr zu sagen, was das Beste für sie ist.

Aber wir finden eine Kompensation in der Entdeckung der sozialen Funktion des Selbst, das daran arbeitet, getrennte Individuen zu vereinen, die zusammengehören.

Das einzige wirkliche Abenteuer

Dieser Ansatz ersetzt intellektuelles Gerede durch bedeutsame Ereignisse, die in der Wirklichkeit der Psyche geschehen.

Sich ernsthaft auf den Individuationsprozess einzulassen bedeutet eine völlig neue Orientierung zum Leben. Für Wissenschaftler bedeutet es einen neuen Ansatz zu äußeren Fakten.

Die Auswirkung davon auf das menschliche Wissen und das soziale Leben ist ungewiss. Aber die Entdeckung des Individuationsprozesses ist eine Tatsache, die zukünftige Generationen berücksichtigen müssen, wenn sie eine stagnierende oder regressive Perspektive vermeiden wollen.

Epilog

Dieses Buch hat die Beziehung zwischen dem bewussten Sein und den tieferen Schichten der Psyche erforscht, indem es dem Denken Carl Gustav Jungs folgte.

Auf diesen Seiten untersuchten wir das Unbewusste und die Rolle, die Symbole und Archetypen in unserer Identität, unseren Beziehungen und unserer persönlichen Entwicklung spielen. Konzepte wie der Schatten, die Anima, das Selbst und die universellen Archetypen bieten uns Werkzeuge, um die Rätsel unseres Innenlebens zu verstehen und den Individuationsprozess anzugehen.

Die Absicht dieses Textes ist jedoch nicht, ein Thema abzuschließen, sondern es zu öffnen. Jungs Lehren funktionieren besser als Ausgangspunkte denn als definitive Schlussfolgerungen. Sie sind Einladungen zur Reflexion, keine Doktrinen, die ohne Hinterfragung akzeptiert werden müssen.

Der Weg zur Selbsterkenntnis, die Konfrontation mit unseren Schatten und die Integration der gegensätzlichen Aspekte der Persönlichkeit ist eine Arbeit, die jeder Mensch selbst leisten muss. Bücher können die Richtung weisen, aber sie können den Weg nicht an unserer Stelle gehen.

Die Analytische Psychologie Jungs bietet einen Rahmen für diese Erkundung. Sie lädt uns ein, die Weisheit anzuerkennen, die bereits in uns wohnt, und einen tieferen Sinn in unserer Existenz zu suchen.

ENDE

Adrian Claro

www.ingramcontent.com/pod-product-compliance
Lightning Source LLC
Chambersburg PA
CBHW062208080426
42734CB00010B/1846